専門図書館における
キャリア形成と人材育成

青柳英治

明治大学人文科学研究所叢書

勁草書房

まえがき

　わが国での企業を中心とする組織の人材育成は，これまで長期的な視点から行われてきた。しかし，平成期の不況以降，そうした長期雇用の保障と人材育成の比重が漸減し，働く者は個々人で自らのキャリアや能力を高める方法を考える必要が高まってきた。組織の競争力の源泉は営利・非営利の別を問わず「人材」である。そのため，どのような環境下にあっても，人材の確保と育成は不可欠であると言える。非営利組織の一つである図書館も例外ではない。特に，専門図書館は，一部を除き法的根拠をもとに設置されている機関が少ないため，後述するように経済・社会情勢の影響を受けやすい。このことから，経営資源の一つである人材は，組織の存亡をも左右する重要な要素となる。

　筆者は，2000年代前半から2010年代前半にかけて専門図書館職員の養成・教育訓練に焦点を当て，その実情把握とあり方を検討してきた。特に，企業内専門図書館の職員を対象に，大学等の教育機関における養成と，就職後の図書館関係団体による教育訓練の二つの視点から検討・考察を行ってきた。その成果をもとに，養成・教育訓練のあるべき姿を著書にまとめて提示できた。その際，教育訓練については，文献調査をもとに図書館関係団体が実施する研修プログラム等を中心に検討を進めた。そのため，専門図書館は組織として職員の人材育成をどのように捉え，実際に取り組んでいるのかを，実証的に検討するには至らなかった。

　本書では，前述した課題も含め，専門図書館職員の職務経験と人材育成の状況を明らかにする。まず，専門図書館職員の「職務」と「人材」に着目し，それらを重層的に捉えて検討・考察する。次に，職務と人材の検討・考察結果をもとに，専門図書館職員が「プロフェッション性」を満たし得るかどうかに着目し検討・考察を進める。さらに，人材育成の主体である「組織」に

着目し，検討・考察を進める。その上で，専門図書館職員がこれまで修得した知識・技術を，客観的に評価する「仕組み」に着目し，これまで議論され，そのうちいくつかは実現した仕組みを整理・検討する。本書では，こうした五つの点に着目しそれぞれに研究課題を設定する。各章では，これら研究課題を明らかにするための目的を定めて，実情の把握，検討，および考察を行う。その成果を相互に関連づけ，体系化することで専門図書館におけるキャリア形成と人材育成を捉えていく。

専門図書館におけるキャリア形成と人材育成

目　次

まえがき

第1章　序論：専門図書館職員の育成を検討するにあたって ……………1
1.1　本書の背景と目的 ……………………………………1
1.2　本書の研究課題と研究方法 …………………………3
1.3　先行研究 ………………………………………………4
1.4　用語の定義 ……………………………………………13
1.5　本書の構成 ……………………………………………15

第2章　専門図書館職員の職務を構成する知識・技術 ……………19
2.1　本章の目的と方法 ……………………………………19
2.2　質問紙による職務の実施状況調査 …………………20
2.3　聞き取りによる職務の実施状況調査 ………………37
2.4　本章のまとめと考察 …………………………………44

第3章　職務経歴から捉えた専門図書館職員のキャリア形成のプロセス ……………49
3.1　本章の目的と方法 ……………………………………49
3.2　聞き取りによる専門図書館職員のキャリア分析 …50
3.3　分析結果 ………………………………………………55
3.4　本章のまとめと考察 …………………………………70

第 4 章　専門図書館職員の プロフェッション性 ……… 75

- 4.1　本章の目的と方法 ……… 75
- 4.2　プロフェッションに関する先行研究からの示唆 ……… 76
- 4.3　プロフェッションとは ……… 76
- 4.4　組織内プロフェッションとは ……… 84
- 4.5　企業内専門図書館職員の組織内プロフェッション性 … 86
- 4.6　本章のまとめと考察 ……… 93

第 5 章　組織の側から捉えた専門図書館職員の 人材育成 ……… 101

- 5.1　本章の目的と方法 ……… 101
- 5.2　質問紙による人材育成の状況調査 ……… 102
- 5.3　聞き取りによる人材育成の状況調査 ……… 118
- 5.4　本章のまとめと考察 ……… 122

第 6 章　専門図書館職員の認定資格制度 ……… 129

- 6.1　本章の目的と方法 ……… 129
- 6.2　資格を取り巻く状況 ……… 129
- 6.3　専門図書館職員に関連する認定資格 ……… 137
- 6.4　専門図書館職員の認定資格制度の検討 ……… 149
- 6.5　本章のまとめと考察 ……… 160

第7章　結論：専門図書館職員に必要となる知識・
　　　　技術の特性 ……………………………………………… 169
　7.1　本書の総括 …………………………………………………… 169
　7.2　本書の成果 …………………………………………………… 176

　付　　録 ………………………………………………………………… 183
　あとがき ………………………………………………………………… 197
　索　　引 ………………………………………………………………… 199

図表一覧

第1章　序論：専門図書館職員の育成を検討するにあたって
図1-1　本書の構成と研究課題 ………………………………………… 4

第2章　専門図書館職員の職務を構成する知識・技術
表2-1　本章の調査で使用する質問項目 ……………………………… 21
表2-2　機関種区分の対照表 …………………………………………… 22
表2-3　調査対象機関数 ………………………………………………… 23
表2-4　回答機関の機関種別内訳 ……………………………………… 25
表2-5　所在地別・機関種別の上位内訳 ……………………………… 26
表2-6　公開区分別・機関種別内訳 …………………………………… 27
表2-7　機関名称別・機関種別内訳 …………………………………… 27
表2-8　機関種別スタッフ数平均値 …………………………………… 29
表2-9　サービス対象者別職務の実施状況 …………………………… 30
表2-10　機関種別職務の実施状況 …………………………………… 34
表2-11　スタッフ数別職務の実施状況 ……………………………… 36
表2-12　聞き取り調査の対象機関 …………………………………… 38

図2-1　スタッフ数の内訳 ……………………………………………… 28

第3章　職務経歴から捉えた専門図書館職員のキャリア形成のプロセス
表3-1　分析焦点者の属性 ……………………………………………… 52
表3-2　分析ワークシート例 …………………………………………… 55
図3-1　概念・カテゴリー生成のモデル ……………………………… 54
図3-2　専門図書館職員のキャリア形成のプロセスの全体像 ……… 57
図3-3　専門図書館職員のキャリア形成の二つの方向 ……………… 73

第4章　専門図書館職員のプロフェッション性
表4-1　キャプロウのモデルにもとづく図書館司書と
　　　　栄養士のプロフェッション性の比較 ………………………… 81
図4-1　ナレッジマネジメントのプロセス …………………………… 92

第5章　組織の側から捉えた専門図書館職員の人材育成
表5-1　調査項目の構成 ………………………………………………… 103
表5-2　機関種の比較 …………………………………………………… 104

表 5 - 3	スタッフ数別の計画的な OJT の実施	106
表 5 - 4	機関種別の計画的な OJT の実施	107
表 5 - 5	雇用形態別の Off-JT の実施	108
表 5 - 6	自己啓発に対して支援している具体的な内容	109
表 5 - 7	スタッフ数別の人材育成上の問題	110
表 5 - 8	機関種別の人材育成上の問題	110
表 5 - 9	スタッフ数別の「問題あり」の場合の問題点	111
表 5 -10	機関種別の「問題あり」の場合の問題点	112
表 5 -11	スタッフ数別の専門図書館職員に求められる知識・技術の周知	113
表 5 -12	機関種別の能力評価の実施	113
表 5 -13	雇用形態別の能力評価の活用方法	114
表 5 -14	スタッフ数別の横断的な能力評価基準作成のメリット	115
表 5 -15	スタッフ数別の能力評価基準作成の具体的なメリット	116
表 5 -16	スタッフ数別の団塊世代の退職による職務の技能継承の問題	117
表 5 -17	機関種別の団塊世代の退職による職務の技能継承の問題	118
表 5 -18	聞き取り調査機関の概要	119
図 5 - 1	調査項目と頻出語の対応分析	121
図 5 - 2	雇用と勤続の観点から捉えた雇用形態	127

第 6 章　専門図書館職員の認定資格制度

表 6 - 1	資格の分類	133
表 6 - 2	図書館情報学検定試験の基本的な考え方	135
表 6 - 3	臨時委員会が行った日本図書館情報学会が検定試験実施に際し検討すべき事項の提案内容	136
表 6 - 4	認定司書における新規認定希望者の申請要件	137
表 6 - 5	図書館関係団体の概要	138
表 6 - 6	検索技術者検定の種類	141
表 6 - 7	検索技術者検定の級ごとの試験範囲	141
表 6 - 8	ヘルスサイエンス情報専門員の申請対象となる 7 領域	143
表 6 - 9	ヘルスサイエンス情報専門員の認定要件	143
表 6 -10	情報管理専門職（仮称）資格検定試験の種類	146
表 6 -11	情報管理専門職（仮称）資格検定試験の内容	146
表 6 -12	病院図書館員認定資格のための主な修得課題案	148
表 6 -13	長谷川と青柳の提示した能力と知識・技術に基づく専門図書館職員に求められる知識・技術	151

表6-14	認定資格検討小委員会での検討プロセス	153
表6-15	インフォプロ制度のポイントの対象期間・付与分野・ポイント数	158
表6-16	インフォプロ制度のポイント申請モデル	159
表6-17	認定資格検討小委員会が提示した知識・技術と遂行が期待される職務との関係	160
表6-18	実現に至らなかった認定資格の課題	163
図6-1	専門図書館職員の能力開発プロセス	149

第7章　結論：専門図書館職員に必要となる知識・技術の特性

表7-1	研究課題と各章の目的	170
表7-2	第2章の知識・技術と第3章の知識・技術を構成する概念との対応関係	178
図7-1	管理者に必要となる能力	180
図7-2	専門図書館職員に必要となる知識・技術	181

第1章 序論：専門図書館職員の育成を検討するにあたって

1.1 本書の背景と目的

　図書館は種類を問わず設置母体をもつ。公立図書館では地方自治体，大学図書館では学校法人や国立大学法人といった組織が該当する。図書館は，設置母体の目標達成や事業活動に役立つ資料・情報を提供することで，間接的に設置母体の事業活動に貢献している。図書館は自ら利益を生み出さないため，非採算部門や非営利組織と捉えられる。こうした部門や組織は，設置母体を取り巻く諸要因に影響を受けやすい傾向にある。

　専門図書館の設置母体は，後述するように政府関係機関，地方自治体，民間企業，公益法人など多様である。本書ではこうした設置母体を親機関と捉える。図書館の一館種である専門図書館も組織に直接的な利益を生み出さない。そのため，親機関を取り巻く諸要因に影響を受けやすいと言える。主要な要因には，経済情勢の変化とインターネット・ネットワーク系メディアの進展が挙げられる。前者により，専門図書館は事業費や人員の削減対象になりやすい。後者により，利用者は自身で各種情報源にアクセスしやすくなるため，専門図書館を介した資料・情報の入手を以前ほど求めなくなる。こうした状況にあっても，専門図書館は親機関の情報ニーズに対応していく必要がある。専門図書館職員は情報提供サービスの担い手であり，経営資源の一つである人材を構成することから，そのあり方を検討することが重要となる。また，専門図書館職員は自らの職務のプロフェッション性と専門図書館の意義を高めることによって，親機関の利用者に自身では入手できない有益な資

料・情報をサービスとして提供し，親機関から理解を引き出すことも求められる。

　人材は，企業や団体といった組織活動を計画・決定し，実行に移すことで組織を継続的に発展させることができる。組織が人材を獲得するための手段には，採用や人事異動に加え人材育成が挙げられる。他方，個人は，組織による人材育成によって職業能力を高めることができ，その結果，より高度な職務の遂行が可能となる。組織による人材育成によって，個人の仕事のやりがいが増し満足度も高まっていく。こうしたことから，人材育成は組織と個人の双方に望ましい影響を与えている[1]。企業を中心とする日本の組織は，これまでOJT（On-the-Job-Training，仕事をしながらの訓練）を基本に長期的な人材育成を行ってきた。しかし，前述した経済環境の変化等によって，雇用形態と人材育成のあり方に変化が生じた。具体的には，1990年代半ば以降，非正規職員の増加により雇用形態が多様化した。正規職員は組織内部で育成されるが，非正規職員は自身によるキャリア形成が求められている[2]。

　専門図書館は親機関により設置された組織内の一部門である。そのため，前述した状況から，専門図書館においても人材の雇用と育成のあり方に変化が見られる。専門図書館では，雇用される職員に占める非正規職員の比率が35%であり，わが国での就業者の非正規率とほぼ同じである。専門図書館職員の非正規率は経年的に見ても高まる傾向にある[3]。そのため，専門図書館職員の人材育成においても非正規職員を含めて検討する必要がある。

　以上のことから，専門図書館職員は必要となる知識・技術を職務の経験を積み重ねながら修得することで，親機関の情報ニーズに対応し得る職務の遂行が可能となる。そうした知識・技術を客観的に評価できる制度を確立することで，専門図書館職員の質を担保することにもつながる。

　本書の目的は，専門図書館職員の職務経験と人材育成の状況を明らかにし，これまで議論され，そのうちいくつかは実現した認定資格制度を整理して跡づけることで，専門図書館職員のキャリア形成と人材育成を検討することである。そのために，本書では，まず，専門図書館を職務，人材（専門図書館職員），組織（専門図書館）の三つの側面から捉えて実証研究を行う。さらに，

職務と人材を対象にプロフェッション性を満たし得るかを検討する。その上で，これまで検討がなされた専門図書館職員に関わる認定資格制度を整理する。

1.2　本書の研究課題と研究方法

　本書では，前述の五つの側面に着目し，図1-1に示したように各側面に研究課題を設定した。第一に，職務に着目し「専門図書館職員の職務を構成する知識・技術にはどのようなものがあるのか」という研究課題1を設定した。この研究課題を検討するために質問紙と聞き取りによる調査を実施し，職務を構成する知識・技術を明らかにする。

　第二に，実際に職務を遂行する人材（専門図書館職員）に着目し「専門図書館職員はどのような職務を遂行することでキャリア形成を図っているのか」という研究課題2を設定した。この研究課題を検討するために聞き取り調査を実施し，職務経験に応じたキャリア形成の過程を明らかにする。

　第三に，専門図書館職員は職務を構成する知識・技術をもとに職務遂行を通してキャリアを高めていくにあたり，プロフェッション性を備えていることが望まれる。そこで，プロフェッション性に着目し「専門図書館職員はプロフェッション性を満たし得るのか」という研究課題3を設定した。この研究課題を検討するために文献調査をもとに，専門図書館職員のプロフェッション性を確認する。

　第四に，専門図書館職員が勤務する組織（専門図書館）に着目し，「専門図書館ではどのように専門図書館職員の人材育成を行っているのか」という研究課題4を設定した。この研究課題を検討するために質問紙と聞き取りによる調査を実施し，組織の側から捉えて専門図書館での人材育成の実情を明らかにする。

　第五に，専門図書館職員には，職務を構成する知識・技術をもとに職務を遂行し，その結果を客観的に評価し得る制度を構築することが求められる。なぜなら，こうした制度が確立することで専門図書館職員の質を担保するこ

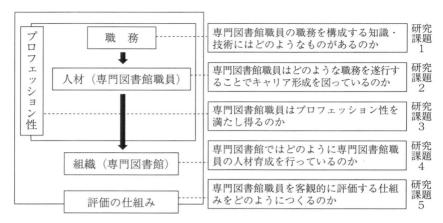

図1-1　本書の構成と研究課題

とにつながるからである。そこで，評価の仕組みに着目し「専門図書館職員を客観的に評価する仕組みをどのようにつくるのか」という研究課題5を設定した。この研究課題を検討するために文献調査をもとに，これまで議論され，そのうちいくつかは実現した専門図書館職員の認定資格制度を整理する。

1.3　先行研究

1.3.1　専門図書館職員の知識・技術，職務内容に関する先行研究

専門図書館職員の知識・技術に関する先行研究には，専門図書館職員に求められる知識，技術，態度，価値をコンピテンシーとして位置づけたものが挙げられる。コンピテンシーとは，一般に高い業績を上げる個人のもつ業績達成能力のことで，成果を生み出すために発揮される能力のことを言う[4]。国外では，米国専門図書館協会（Special Libraries Association：以下，SLAという）が1996年に「21世紀に向かって求められる専門図書館員の能力と資質」(Competencies for Special Librarians of the 21st Century) を提起し，専門図書館職員が修得するべきコンピテンシーを「職業的能力」(Professional Competencies) と「人的資質」(Personal Competencies) とに区分した[5]。

2003年には改訂版「21世紀に向かって求められるインフォメーションプロフェッショナルの能力と資質」（*Competencies for Information Professionals of the 21st Century. Revised Edition*）を発表した[6]。さらに，2016年には改訂版「インフォメーションプロフェッショナルの能力と資質」（*Competencies for Information Professionals*）を発表した。2016年版では，能力と資質を専門図書館職員における「核となる資質」（Core Competencies）と他の専門家にも必要となる「汎用的な資質」（Enabling Competencies）とに分けて捉えた[7]。

国内では，山﨑久道[8]と青柳英治[9]が，SLAのコンピテンシーの概念を解説・整理しながら，コンテンツに関わる新たな知識・技術の必要性を説いた。また，長谷川昭子は国内外の専門図書館の関係団体や，図書館情報学の専門家等が著わしたガイドラインや論文を整理・考察することによって，専門図書館職員に求められる七つの能力を明らかにした[10]。長谷川の示した能力は知識・技術に相当すると考えられる。

専門図書館職員の職務内容に関する先行研究には，国内の専門図書館を対象に行われた実証的な研究が挙げられる。青柳は，企業内専門図書館を対象に提供される職務内容を「職務の実施」と「専門性の評価」の二つの観点から検討した。その結果，各々の職務内容について，実施率と重要度の状況が明らかになった[11]。しかし，この研究は，複数の機関種（1.4で説明）で提供された情報サービスをもとに職務内容を設定しているわけではない。

上記の先行研究は，専門図書館職員の知識・技術，職務内容の各側面において，断片的な検討であるか，または特定の機関種を検討対象としているなど，専門図書館職員の知識・技術，職務内容を包括的に検討するまでには至っていない。

1.3.2 プロフェッションに関する先行研究

まず，プロフェッションに関する先行研究を，次に，組織内プロフェッションに関する先行研究を，最後に，図書館司書のプロフェッションに関する先行研究をそれぞれ取り上げる。

1.3.2.1 プロフェッション

プロフェッションに関する研究のうち，職業社会学的なアプローチを取るものとして，カーサンダースとウィルソン（Alexander M. Carr-Saunders and Paul A. Wilson），エリオット（Philip Elliott）そして日本では石村善助の研究が挙げられる。

1960年代にカーサンダースらは，歴史的な分析を通してイギリスにおけるプロフェッションはステイタスによるものであったとした。すなわち，プロフェッションは階層の高い者しか従事できない職業として存在し，必ずしも高度な専門知識の修得などが求められるものではなかったという[12]。その後，社会の産業化に伴い，高度な知識・技術が要求される専門的職業が誕生し，従来のように専門職は階層の高い者しか従事できないといった状況に変化が生じた。エリオットは，専門性が重視される専門職をオキュペーショナル・プロフェッションと呼び，産業化以降，社会的地位を志向するステイタス・プロフェッションが後退し，専門性重視を志向するオキュペーショナル・プロフェッションが台頭したことを指摘した[13]。

日本では，石村が医師や法律家といった伝統的なプロフェッションの特質と歴史的推移を，当時の日本の状況を踏まえて幅広く検討した。また，石村はビジネスのプロフェッション化に関連する論点を整理した。その結果，ビジネスの世界は私益追求，営利・商業主義を基本原理としているのに対し，プロフェッションの世界は利他・公益主義の上に立っていると指摘した。しかしながら，現代のビジネスは公共性や社会的責任を帯びたものとなっており，プロフェッションが出現するようになった状況を受け，企業の職務にもプロフェッションの要件に適合する可能性があることを示唆した[14]。

1980年代に中野秀一郎は，職業社会学よりも広い概念からプロフェッションを捉えて整理した。たとえば，医師については，家庭医から公共医へといったプロフェッションの提供するサービスの対象範囲が拡大していることを指摘した。このことは，プロフェッションが周辺職業との分業・協業による協同化の始まりを意味するものであるという[15]。この状況は，プロフェッションを社会的役割の概念の中で捉えており，企業などの組織に雇用される

専門的職業をもプロフェッションとして捉え得ることにつながっていく。

1.3.2.2 組織内プロフェッション

従来のプロフェッション研究は，個人に焦点を当てた「パーソナル・プロフェッションズ」が主流であったが，近年では，産業化，情報化の進展に伴い，大衆から高度なサービスが求められるようになっている。

エリオットは知識の増大と専門化，技術の発展によって，もはや個人が単独ではサービスを提供できなくなりつつあることを指摘した[16]。

グルドナー（Alvin W. Gouldner）は，組織原理と専門職原理とのあいだに生じる緊張関係に着目した。具体的には，雇用組織への忠誠心と専門分化した役割へのコミットメントという二つの基軸を組み合わせ，前者が後者より強いタイプをローカル，後者が前者よりも強いタイプをコスモポリタンとし，組織内プロフェッションの問題を理解する上で有効な概念を提示した[17]。

太田肇は，組織論の立場から企業に代表される「非専門職組織」に雇用され，専門的職業に従事する組織内プロフェッションに研究対象を据え，プロフェッションを広義に捉えた。太田は，専門的知識・技術に基づく仕事をプロフェッションと捉え，他方で，実務的な知識・技術にとどまり，特定の組織内でのみ価値をもつ仕事をスペシャリストと捉えて両者を明確に区別した[18]。

宮下清は，企業における専門職制度を中心に据えて，組織内プロフェッションの概念や形態を検討した。宮下は，従来の伝統的プロフェッションに由来する専門性と，企業組織での高度で複雑な職務の遂行に求められる専門性とは異なるものであるとした。大半の組織内の職務は，関連職務を土台とした専門性であり，いわゆる外部に通用する体系的な専門性とは異なるという。組織内で職務の専門性を高めることは，職務を限定するだけでなく，職務領域を広げることも含まれるとした[19]。

1.3.2.3 図書館司書

図書館司書のプロフェッションを職業分類の観点から検討すると，米国で

はシャピロ（Albert Shapero）が自国の職業分類に基づき，図書館司書をプロフェッションの範疇に含めて捉えた[20]。同様に，日本においても厚生労働省所管の団体が作成する職業分類表の中で「法務・経営・文化芸術等の専門的職業」の一つとして図書館司書が挙げられていた[21]。

しかしながら，社会学の見地に基づくと状況が異なった。1960年代にグード（William J. Goode）は図書館司書の専門職性を次の二つの観点から否定した。一つは，抽象的知識体系について長期間にわたり特殊な訓練が行われること，もう一つは，その活動が公共への奉仕を指向していることからであった[22]。

1980年代にウィンター（Michael F. Winter）は，図書館司書を対象にプロフェッションか否かの区別を「特性理論」を用いて検討した。この理論は，プロフェッションと仕事を社会学的見地から扱った理論の一つであり，職業の特徴を一覧にすることによって，図書館司書のプロフェッションの地位を判断しようとするものであった[23]。この理論によって，図書館司書はプロフェッションに近いものではあるが，プロフェッションではない（セミ・プロフェッション）という認識を得ることになった。

薬師院はるみは，米国のプロフェッションに関する先行研究の再検討を通して，セミ・プロフェッションである図書館司書の専門職化を阻んでいる要因を考察した。それによると，日本で図書館司書の専門職化を阻んでいる要因は，図書館が自律的な官僚的組織として形成されず，全体機構に組み込まれた一つの下部組織として存立していることによると指摘した[24]。

日本の図書館界では，これまで養成課程の改善を中心に図書館司書の専門職化に関する研究や試みが行われてきた。1960年代に日本図書館協会（以下，日図協という）では館種を超えた議論が行われ，養成課程において司書資格を取得した後，発展的に館種別の課程を学ぶことを提案する改革案が提示された[25]。

2003年から3年間，日本図書館情報学会（以下，図情学会という）は会員らが中心となり，日本学術振興会の科学研究費を得て，図書館情報学教育を改善するための共同研究（以下，LIPERという）に着手した。LIPERの報告

内容の一部には，大学の司書課程におけるカリキュラムの改善と大学院修士課程における図書館情報学カリキュラムの開発が含まれていた[26]。これまで日本において行われた研究や試みは，図書館司書の専門職化を実現することにつながっていない。

1.3.3 専門図書館職員のキャリア形成に関する先行研究

ここでは専門図書館職員のキャリア形成と第3章で用いる研究手法である修正版グラウンデッド・セオリー・アプローチ（以下，M-GTAという）に関する先行研究を取り上げる。

まず，専門図書館職員のキャリア形成に関わる研究は，大学等の教育機関における養成と，就職後に図書館関係団体等による現職者教育に大別できる。この観点から検討した研究には次の2点が挙げられる。第一に，青柳は，前述の二つの観点を含めて企業内専門図書館に勤務する情報専門職を対象に，職務内容，養成・教育訓練の状況を体系的に捉えその実情を踏まえて検討した。結果を，① 養成・教育訓練体系の整備，② 連携強化の必要性，③ 資格認定制度確立の必要性の3点から情報専門職の養成・教育訓練のあるべき姿を提示した[27]。第二に，長谷川は，後者の観点を中心に据え，機関種（1.4で説明）を限定せず専門図書館全体を対象に，特に非正規職員をも含めた現職者教育のあり方と個人が行う能力開発の有効な方法を検討した。その結果，専門図書館における具体的な人材育成策として，① 専門図書館の実務書の刊行，② 図書館関係団体による研修内容の動画コンテンツの配信を提示した[28]。いずれの研究も質的・量的な研究手法を用いて専門図書館職員のキャリア形成のあり方を体系的に検討している。しかし，質的研究手法の一つとしてM-GTAを用いた検討は行なっていない。

次に，図書館情報学にM-GTAを用いた主要な研究には次の2点が挙げられる。松戸宏予は，特別支援教育のコーディネーターなど学習の評価を担わない職員を対象に，学校図書館に対する認識の変化のプロセスを解明した。分析の結果，こうした職員らは，学校司書を，① 資料の専門家であり，② 生徒と自然な関わりをもちながら，③ 生徒の成長を支えているという三

つの特性を認識していることを提示した。これらの特性から，学校司書による学校図書館を介した児童生徒への支援を，① 適切な資料提供による発達支援，② 共感理解による自己肯定支援，③ 社会性を育てる教育的支援の三つの視点からの役割が期待できることを指摘した[29]。杉江典子は，公共図書館の利用者を対象に情報探索行動に関わる概念と理論を解明した。分析の結果，利用者が探索を始める状態から探索に対する認識・気分・条件・実行，資料情報の入手，そして探索結果に対する考え方に至るまでの過程を個々の概念として導き出した。さらに，カテゴリー間の関係を明らかにすることによって，利用者の情報探索行動の全体像を提示した[30]。

最後に，キャリア形成の領域にM-GTAを用いた主要な研究には，藤原正仁がゲーム産業におけるプロデューサーを対象に，キャリア・パターンとキャリア意識の視点からキャリア発達過程を解明した。分析の結果，前者の視点による発達過程は，参加的学習と省察的学習の相互作用によっていたこと，後者の視点による発達過程は，成熟したキャリア志向と人事異動などのキャリアの節目，ならびに学校教育で得た知識と成長を促す経験とがそれぞれに影響関係にあることが示された[31]。

これまで，図書館情報学分野のうち，特に図書館専門職員を対象にそのキャリア形成のプロセスにM-GTAを用いた研究は見られない。

1.3.4　人材育成に関する先行研究

次の四つの視点で先行研究を整理する。第一に，人材育成に関わる研究を示す。佐藤厚は，文献と関連調査をもとに日本の企業内における人材育成の特徴と今後の課題を明らかにした。特徴には，長期的な雇用を想定してOJTをベースに節目ごとにOff-JT（Off-the-Job-Training，研修など仕事を離れての訓練）を取り入れながら実施していること，その際，各々のPDCAサイクル[32]を回すことで行われていることを挙げた。課題には，管理職の育成ならびに個人主導によるキャリア形成をどのように行うかを挙げた。さらに，人材育成上のポイントとして，前述した個人主導による自律的なキャリア形成と，組織が個人のキャリア形成を実施する「個人と組織との協調的関

係」の構築を図ることを提示した[33]。

　第二に，非正規雇用者の視点から企業勤務者の能力開発やキャリア形成の機会を捉えた研究を示す。小杉礼子と原ひろみは，企業と直接に雇用関係のある非正社員を主たる対象に，キャリアパスや能力開発の現状を把握することで非正社員の職業能力開発やキャリア形成機会の実態を明らかにした。さらに，正社員への移行という視点を前提に，非正社員の仕事に幅を持たせ勤続によってキャリア形成を図れるよう仕事を配置することで，キャリア形成の機会を確保することにつながるとした[34]。

　第三に，非正規の図書館員に焦点をあて，人材育成やキャリア形成を取り上げた研究を示す。廣森直子は，聞き取り調査をもとに図書館における非正規化の実態と図書館員の専門職としてのキャリア形成のあり方を検討した。調査結果から非正規化が進行すると図書館員が専門職として働くことが制約されるため，専門性を発揮できるよう労働条件を整えることの必要性を指摘した。キャリア形成にあたっては，図書館員が職場で専門性の形成に関与し，実施職務の位置づけを捉え直すことを求めた。その結果，専門職としての地位向上，職場環境の改善が図られ，図書館員のモチベーションの維持につながっていくとした[35]。

　第四に，専門図書館職員に焦点をあて人材育成を取り上げた研究を示す。まず，1.3.3でも取り上げたが青柳は，文献調査と一部聞き取り調査によって，企業内専門図書館における教育訓練の状況を明らかにした。それらをもとに企業内専門図書館の情報専門職のための養成・教育訓練体系のモデルを提示した。職務内容と職務分担を明らかにした上で提示している点に特徴がある[36]。次に，同様に1.3.3で取り上げた長谷川は，質問紙調査や聞き取り調査をもとに，専門図書館の人材育成の現状と問題点を指摘した。専門図書館職員の就業形態と図書館規模の観点から検討しており，正規職員と非正規職員との間には能力開発の機会に差があること，今後希望する教育訓練の内容を明らかにした[37]。

　第四で取り上げた先行研究については次の限界を指摘できる。青柳の研究では，職場での教育訓練の変遷と現状を文献調査によって解明しており，質

問紙や聞き取りによる実証的な調査は行われていない。長谷川の研究では，個人すなわち専門図書館職員を対象とした調査であり，教育訓練の実施主体である組織を対象とした調査を行っていない。また，調査項目はOJT，Off-JT，自己啓発を中心に構成され，前述した教育訓練のPDCAサイクルのCに相当する能力評価に関わる項目を含んでいない。本書ではこうした先行研究における限界点を踏まえ，それらを補完することで検討を進めていく。

1.3.5 認定資格制度に関する先行研究

具体的な資格の構想や設立に関わる文献は第6章で取り上げる。ここでは専門図書館職員に関連した資格を対象とした研究を取り上げる。長谷川は，文献調査と聞き取り調査によって第6章でも取り上げる二つの民間資格の設立要件を明らかにした。具体的には，四つの観点に基づく9点で，① 職業能力，② マーケット，③ 認定機関（財政力，法人組織，大学教員との協力体制，事務局体制），④ 専門的教育体制（研修事業，学習領域の設定と知識の集成，研究活動の場の提供）である。さらに，1990年代に専門図書館協議会（以下，専図協という）の構想した認定資格制度が実現に至らなかった理由を検討し，前述の要件をすべて満たしていないことを明らかにした[38]。

青柳は，情報専門職の関連資格を認定者と機能の観点から整理した。その結果，特定職務や主題分野に限定した部分的な資格であるか，または他館種の図書館員にも関係する資格であるという二極化した状況であることを明らかにした。また，認定資格制度の確立には，情報専門職の養成，教育訓練，認定の各過程において，大学と図書館関係団体とが役割分担していく必要性を指摘した[39]。さらに，青柳は第6章で取り上げる検定試験の2級を対象に，中堅のインフォプロ（情報専門職）に求められる知識・技術を検討した。具体的には，過去5年間（2013年～2017年）の試験問題の解答の選択肢をもとに一定数出現した用語を選別し，出題範囲と符合する公式推奨参考書との照合を行った。それらの結果をもとに情報検索に必要な知識・技術を明らかにした[40]。

先行研究では，実現した認定資格制度をもとに検討を行い，実現に至らな

かった制度の理由が考察された。実現に至らなかった制度をもとにした検討はなされていない。

1.4 用語の定義

(1) **専門図書館**

　専門図書館は，① 専門主題，② 設置母体，③ 利用者，④ その他の基準，⑤ 複数の基準のいずれを用いるかによって多様に定義づけられる[41]。本書では，①②③の基準を含んだ，アメリカ図書館協会（American Library Association：以下，ALAという）による「組織の目標を追求する上で，そのメンバーやスタッフの情報要求を満たすため，営利企業，私法人，協会，政府機関あるいは，その他の特殊利益集団もしくは機関が設立し維持し運営する図書館。コレクションとサービスの範囲は，上部もしくは親組織の関心のある主題に限定される。」[42] という定義を用いる。

(2) **親機関**

　専門図書館はALAの定義で示された「営利企業，私法人，協会，政府機関あるいは，その他の特殊利益集団もしくは機関」によって設置された組織内図書館である。専門図書館を設置するこうした組織は親機関と捉えられる。本書では，国（政府関係機関）・独立行政法人等，地方議会・自治体，民間企業，公益法人等各種団体，国際機関・外国政府機関を親機関と捉え，以降，実証調査の対象とする。なお，本書の検討対象外となるが，大学の学部・大学院や研究施設，美術館・博物館にも図書館（室）が附設されていることから，大学や美術館・博物館も親機関と捉えられる。これらの機関は，組織のメンバーやスタッフに加えて部外者にも公開したりサービス提供したりする場合がある。

(3) **機関種**

　親機関の種類のことである。本書では，特に公共図書館や大学図書館とい

った図書館の種類を表す「館種」と明確に区別することで，専門図書館の種類を際立たせている。

(4) 専門図書館職員

　専門図書館に勤務する専門的職員のことである。専門図書館職員は，親機関の事業理念の実現，事業目標の達成に有用な資料・情報を提供することで間接的に事業活動に貢献している。また，外部に公開している専門図書館では，コレクションに関心をもつ一般利用者にもサービス提供する。本書では機関種を問わず「専門図書館職員」を使用するが，企業内専門図書館などでは「情報専門職（インフォプロ）」として多様なデータベースを検索し，得られた結果を利用者のニーズに合うよう加工・分析して提供することもある。

(5) キャリア

　厚生労働省によると「一般に『経歴』『経験』『発展』さらには，『関連した職務の連鎖』等と表現され，時間的持続性ないし継続性を持った概念」[43]とされている。広義には生涯を通じた仕事や経歴と捉えられ，狭義には主に企業内における異動や職務経験と捉えられる[44]。本書では専門図書館における職務経験と狭義に捉える。なお，キャリア形成は，「このような『キャリア』の概念を前提として，個人が職業能力を作り上げていくこと，すなわち『関連した職務経験の連鎖を通して職業能力を形成していくこと』」[45]とされている。

(6) 人材育成

　人材育成とは，① 組織がそこで働く人に対し職務遂行に求められる知識や技術の開発を行い，かつ② 働く人個人の学習によりキャリア形成を通じた能力向上を図ることである。①はOJTとOff-JTに代表される教育訓練によって実施される。教育訓練は働く人がこれまで有していない能力を，組織によって修得させる方法である。他方，②は個人が主体となって行われる自己啓発によって進められる。自己啓発とは，働く人が職業生活を継続するた

めに行う職業に関する知識・技術を自発的に開発し向上させるための教育訓練のことである。以上のことから，人材育成はOJTとOff-JTに相当する組織から個人への働きかけと，個人の学習と成長を目的に実施される自己啓発をも含めた広い概念であると捉えられる。なお，組織による特定能力の開発を目指した個人への働きかけについては能力開発という用語が用いられる[46]。

1.5 本書の構成

本書の構成は以下の通りである。

第1章では本書の背景と目的，本書の研究課題と研究方法，先行研究，用語の定義を述べた。第2章では，「職務」に着目し研究課題1を検討する。質問紙と聞き取りによる調査を行い，専門図書館職員の職務の実施状況を把握し，職務の構成要素となる知識・技術を明らかにする。第3章では「人材」である専門図書館職員に着目し研究課題2を検討する。聞き取り調査を実施し，職務経験に応じたキャリア形成の過程を明らかにする。専門図書館職員は職務を構成する知識・技術をもとに，職務の遂行を通してキャリアを形成していく。その際，職業としての「プロフェッション性」を備えていることが望まれる。第4章では研究課題3を検討する。特に，企業内専門図書館職員を対象に文献調査を行い，プロフェッション性を整理し，その結果をもとに他の機関種をも含めた専門図書館職員のプロフェッション性を高めるための方策を考察する。第5章では「組織」である専門図書館に着目し研究課題4を検討する。質問紙と聞き取りによる調査を実施し，人材育成の実施主体である組織の側から捉えることで専門図書館での人材育成の実情を明らかにする。専門図書館職員には，職務を構成する知識・技術をもとに職務遂行した結果，その内容を客観的に評価できる「仕組み」を構築することが求められる。第6章では研究課題5を検討する。文献調査をもとに，図書館専門職員に関わる認定資格制度のこれまでの状況を明らかにし，実現しなかった制度の課題を整理する。第7章では本書の総括を行い，明らかにできたこ

とをもとに成果として専門図書館職員に必要となる知識・技術の特性を述べる。

注・引用文献

1）人材育成学会編『人材育成ハンドブック』金子書房，2019，719p，参照はp.2．
2）厚生労働省編『労働経済白書（平成20年版）：働く人の意識と雇用管理の動向』日経印刷，2008，316p，参照はp.165-248．
3）専門図書館職員の非正規率は『専門情報機関総覧』（2018年版）（専門図書館協議会）の統計表（p.807）のスタッフ数をもとに算出した。「平成30年労働力調査年報」では非正規職員・従業員の比率は37.8％である。https://www.stat.go.jp/data/roudou/report/2018/index.html．（参照 2024-07-30）．非正規の専門図書館職員の増加率は25.1％（1991年）から36.5％（2009年）を示している。（長谷川昭子『専門図書館における現職者教育と個人の能力開発』風間書房，2013，388p，参照はp.30．）
4）中條毅責任編集『人事労務管理用語辞典』ミネルヴァ書房，2007，311p，参照はp.93．
5）片岡洋子「21世紀に向かって求められるスペシャルライブラリアンの能力と資質」『専門図書館』No.163，1997，p.11-16．
6）〔米国専門図書館協会〕栗田淳子訳「21世紀のインフォメーション・プロフェッショナルに求められる能力と資質＜改訂版2003年6月＞翻訳」『専門図書館』No.202，2003，p.34-38．
7）Special Libraries Association *Competencies for Information Professionals*. https://sla.org/page/competencies．（参照 2024-07-30）
8）山﨑久道「専門図書館の新たな役割とサービスの開発：専門性の革新と電子情報環境での挑戦」『21世紀の図書館と図書館員』（論集・図書館情報学研究の歩み 20）日本図書館情報学会研究委員会編，日外アソシエーツ，2001，p.45-59．
9）青柳英治「専門図書館の職務内容の変遷から見た情報専門職の役割とコンピテンシー」『山梨英和大学紀要』No.7，2009，p.31-47．
10）長谷川昭子『専門図書館における現職者教育と個人の能力開発』風間書房，2013，388p，参照はp.208-233．
11）青柳英治「企業内専門図書館における情報専門職の職務に関する一考察」『日本図書館情報学会誌』Vol.53，No.3，2007，p.127-146．
12）Carr-Saunders, Alexander M. and Wilson, Paul A. *The Professions*. Oxford University Press, 1933, 536p.

13) Elliott, Philip *The Sociology of the Professions*. Macmillan, 1972, 180p.
14) 石村善助『現代のプロフェッション』至誠堂, 1969, 258p.
15) 中野秀一郎『プロフェッションの社会学：医師, 大学教師を中心として』木鐸社, 1981, 342p.
16) 前掲13)
17) Gouldner, Alvin W. "Cosmopolitans and Locals : Toward an Analysis of Latent Social Roles Ⅰ, Ⅱ" *Administrative Science Quarterly*. Vol.2, 1957, p.281-306, p.444-480.
18) 太田肇『プロフェッショナルと組織：組織と個人の「間接的統合」』同文舘, 1993, 220p.
19) 宮下清『組織内プロフェッショナル：新しい組織と人材のマネジメント』同友館, 2001, 203p.
20) Shapero, Albert *Managing Professional People*：*Understanding Creative Performance*. The Free Press, 1985, 252p.
21) 労働政策研究・研修機構『厚生労働省編職業分類 職業分類表：改訂の経緯とその内容 第5回改訂』労働政策研究・研修機構, p.98. https://www.jil.go.jp/institute/seika/shokugyo/bunrui/index.html, (参照 2024-07-30)
22) Goode, William J. "The librarian, : from occupation to profession?" *The Library Quarterly*. Vol.31, No.4, 1961, p.306-320.
23) Winter, Michael F.『技量の統制と文化：司書職の社会学的理解に向けて』[*The Culture and Control of Expertise*：*Toward a Sociological Understanding of Librarianship*.] 川崎良孝訳, 京都大学図書館情報学研究会, 2005, 209p.
24) 薬師院はるみ「専門職論と司書職制度：準専門職から情報専門職まで」『図書館界』Vol.56, No.1, 2004, p.2-12.
25) 図書館学教育改善委員会報告「図書館学教育改善試案」『図書館雑誌』Vol.59, No.9, 1965, p.26-31.
26) 『情報専門職の養成に向けた図書館情報学教育体制の再構築に関する総合的研究』(研究代表者：上田修一) 2006, 456p.
27) 青柳英治『専門図書館の人的資源管理』勉誠出版, 2012, 231p.
28) 前掲10)
29) 松戸宏予「特別な教育的ニーズをもつ児童生徒に関わる学校職員の図書館に対する認識の変化のプロセス：修正版グラウンデッド・セオリー・アプローチによる分析を通して」『日本図書館情報学会誌』Vol.54, No.2, 2008, p.97-116.

30) 杉江典子「公共図書館における利用者の情報探索行動：インタビュー記録の質的分析による概念と理論の生成」『日本図書館情報学会誌』Vol.57, No.1, 2011, p.1-18.
31) 藤原正仁「ゲーム産業におけるプロデューサーのキャリア発達」『キャリアデザイン研究』Vol.5, 2009, p.5-21.
32) 教育訓練や学習の計画（Plan）を立て実行（Do）しチェック（Check）し改善（Action）するという4つの活動の循環を示している。
33) 佐藤厚『組織のなかで人を育てる：企業内人材育成とキャリア形成の方法』有斐閣, 2016, 261p.
34) 小杉礼子, 原ひろみ『非正規雇用のキャリア形成：職業能力評価社会をめざして』勁草書房, 2011, 277p.
35) 廣森直子「「専門職」の非正規化によるキャリア形成の課題：図書館司書を事例に」『青森県立保健大学雑誌』No.16, 2016, p.37-44.
36) 前掲27)
37) 前掲10)
38) 長谷川昭子, 薬袋秀樹「専門図書館職員のための認定資格制度」『Library and Information Science』No.64, 2010, p.109-133.
39) 前掲27), p.179-184.
40) 青柳英治「インフォプロに求められる知識・技術：関連試験と教材をもとに」『情報の科学と技術』Vol.69, No.4, 2019, p.144-149.
41) 前園主計「専門図書館の定義」『Library and Information Science』No.14, 1976, p.325-337.
42) Young, Heartsill編（丸山昭二郎, 高鷲忠美, 坂本博監訳）『ALA図書館情報学辞典』丸善, 1988, 328p, 参照はp.132-133.
43) 厚生労働省職業能力開発局「『キャリア形成を支援する労働市場政策研究会』報告書」https://www.mhlw.go.jp/houdou/2002/07/h0731-3a.html, （参照 2024-07-30）
44) 阿部正浩, 松繁寿和編『キャリアのみかた［改訂版］：図で見る110のポイント』有斐閣, 2014, 294p. 参照はp.46.
45) 前掲43)
46) 前掲33), p.4-6.をもとに筆者が作文した。

第2章　専門図書館職員の職務を構成する知識・技術

2.1　本章の目的と方法

　本章では，研究課題1「専門図書館職員の職務を構成する知識・技術にはどのようなものがあるのか」を明らかにする。そのために，専門図書館職員の職務の実施状況を把握し，職務の構成要素となる知識・技術を明らかにすることを目的とする。

　具体的には次の方法を用いる。第一に，専門図書館職員が自館で行う情報サービスに関わる職務を対象に質問紙調査を行う。対象を情報サービスに関わる職務とする理由は次のとおりである。専門図書館の主な利用者は親機関の構成員である。こうした利用者は，事業活動の推進に役立つ資料・情報を必要としている。そのため，専門図書館では親機関に関わる特定領域の専門資料や情報を所蔵して利用者に提供する。特に，サービスの提供に際しては，所蔵する資料・情報自体を提供するよりも，それらの内容を要約したり，加工を施したりすることが求められる[1]。以上のことから，情報サービスに関わる職務に力点を置くことにする。第二に，聞き取り調査を行い質問紙調査で得られた結果の中で，顕著な傾向が見られた機関についてその職務の実態を把握する。第三に，質問紙調査と聞き取り調査で得られた結果を踏まえ，それらを総合的に検討し，専門図書館職員の職務の構成要素となる知識・技術を明らかにする。

2.2 質問紙による職務の実施状況調査

2.2.1 調査項目

　専門図書館は，前述のように主な利用者である親機関の構成員に対し，適時適切に情報サービスを提供することが求められる。親機関の構成員は，専門図書館から提供された資料・情報をもとに事業計画や政策立案に関わる意思決定を行っている。そのため，専門図書館では，特に資料・情報の収集・組織化に加え，その提供に比重が置かれる。さらに，利用者が情報サービスを利用できるよう PR 活動や利用者支援も行われる[2]。

　近年，専門図書館職員は，情報通信技術の進展に伴い，それらを活用した多様な情報サービスを提供することが求められている。たとえば，専門図書館が保有する資料・情報を，デジタル化・データベース化し，利用者に提供することが挙げられる。こうした状況は，コレクションの形態が印刷媒体から電子媒体へと移行し，サービスの提供手段が変化していることを示すものである。資料・情報は，デジタル化されるとその捉え方が「資料単位」から「コンテンツ単位」へと変化する。さらに，こうした媒体の変化とも相まって，利用者の求める情報を的確かつ積極的に配信することが求められる。そのため，専門図書館職員は，自館や親機関のウェブサイトやイントラネットを活用して，利用者がさまざまなコンテンツにアクセス可能なワンストップサービスを実現することが求められる。その結果，専門図書館は情報アクセスの拠点として機能することが可能となる。さらに，専門図書館職員は情報に価値を付加することによって，情報サービスの高度化を図ることも必要となる[3]。

　以上の状況を踏まえ，質問紙調査の項目となる職務を次のように設定した。まず，職務の枠組みとして，専門図書館で提供されている情報サービスの実情を踏まえ，資料・情報の収集・組織化，提供ならびに PR 活動・利用者支援を設定した。次に，この枠組みに文献調査によって把握できた近年の情報サービスを取り巻く実情を考慮した上で，職務を抽出し当てはめた。最後に，

それらの職務が実際に提供されている情報サービスと合致しているかを確認するため，実務に従事する専門図書館職員から意見を得て調整を行った。その結果，表2-1に示した22の調査項目を確定した。調査票は付録に収録した。

表2-1 本章の調査で使用する質問項目

		職務内容
収集・組織化	(1)	資料（図書，雑誌，新聞など）の選書
	(2)	商用データベース，電子ジャーナルの選定
	(3)	資料（図書，雑誌，新聞など）の保存年限の設定
	(4)	図書館システム等（エクセル，アクセスなどを含む）による図書や雑誌など所蔵資料の目録作成
	(5)	資料・情報部門の内外で作成される資料の収集と管理
提供	(6)	資料・情報の閲覧サービス
	(7)	窓口，カウンター（自動貸出機を含む）での資料の貸出・返却
	(8)	資料，文献の複写（セルフコピーを含む）
	(9)	資料の予約
	(10)	利用者からの問い合わせ（所蔵資料の確認を除く）に対する回答（レファレンス業務）
	(11)	所蔵・入手した資料・情報に加工・分析を施し利用者へ提供
		・資料・情報部門独自の印刷物の作成・提供
	(12)	特定テーマの資料・情報の探し方（パスファインダーなど）
	(13)	特定テーマの雑誌記事索引，図書書誌・新聞リストの作成
	(14)	抄録，解題の作成
	(15)	利用案内，新着資料案内など
	(16)	他機関との資料の相互貸借
		・インターネット・イントラネットを使ったサービス
	(17)	OPACによる図書や雑誌などの書誌事項と所蔵情報の提供
	(18)	資料・情報部門独自のコンテンツ，データベースの作成
	(19)	レファレンス事例データベースの作成
	(20)	資料・情報部門の内外で作成される資料を電子化して提供
	(21)	利用案内，新着資料案内の提供・配信（SDIサービス，コンテンツシートサービス，メールマガジン，ブログ，X（旧ツイッター），RSSサービスなど）
利用支援	(22)	資料・情報部門が所蔵・契約する情報資源（図書，雑誌，データベースなど）の使用方法の教育・指導（講習会の開催など）

2.2.2 調査対象

調査対象とする機関種の設定と機関の抽出には，専図協が発行する『専門情報機関総覧』（以下，『総覧』という）を使用した。その理由は，3年に1度の頻度で1967年以来，継続して刊行（2018年版以降，未刊行）され，日本の専門情報機関を網羅的に収載した唯一のダイレクトリーとなっているためである。調査では当時，最新版であった『総覧』2009年版を核としながら，網羅性を高めるため，前版の2006年版も併用して抽出した。抽出した機関には，『総覧』2006年版に掲載され，2009年版には非掲載となったものが約200機関あった。この理由には，機関の掲載は各機関の自由意思に基づくこと，3年の間に機関の側で掲載方針に変更があったことなどが考えられる。

機関種については，第1章で示した ALA 辞典の専門図書館の定義と『総覧』2009年版に収載された機関種区分とを比較・検討することによって，5つの機関種区分を設定した。表2-2では ALA 辞典と『総覧』2009年版の機関種区分を示した[4]。

表2-2 機関種区分の対照表

『ALA図書館情報学辞典』の定義	『総覧』2009年版の機関種
営利企業	民間企業体
私法人	団体（社団法人，財団法人）
協会	学会・協会
政府機関	国・独立行政法人・公共企業体 地方議会・地方自治体 外国政府機関
その他の特殊利益集団	ー
機関が設立し維持し運営する図書館	国際機関，その他

調査対象とする機関の抽出には，2009年版の機関種に区分された機関を精査し，次の四つの基準を定めた。

(1) 親機関の機関種をもとに区分する。
(2) 親機関が直接，当該機関（例：地方自治体の情報センター）を運営せず，一般・公益財団法人など他団体に委託している場合は，親機関の機

種（例：団体ではなく地方自治体）に区分する。
(3) 国・公立の図書館と美術館・博物館図書室，ならびに国・公・私立大学の図書館のうち，「コレクションとサービスの範囲は，上部もしくは親組織の関心のある主題に限定される」とするALA辞典の定義に外れる機関は対象外とする。具体的には，国・公立の図書館と国・公・私立大学の図書館では，コレクションとサービスの範囲，国・公立の美術館と博物館では，サービスの範囲が限定しきれない機関を対象外としている。
(4) 専門図書館の一種類である病院図書室，点字図書館，宗教法人の図書館などは，情報源として使用した『総覧』2009年版の機関種の区分に準拠し，「その他」に区分する。機関の中には，地方自治体と団体など複数の機関種によって共同運営される機関もあり，『総覧』ではそうした機関を「その他」に区分したものと考えられる。

表2-3では上記四つの基準をもとに設定した機関種の区分と，使用した情報源ごとに機関数を示した。

表2-3 調査対象機関数

機関種区分	2009年版	2006年版	合計
国・独立行政法人・公共企業体	139	29	168
地方議会・地方自治体	211	51	262
学会・協会・団体	205	39	244
民間企業	190	84	274
国際機関・外国政府機関	19	7	26
その他	41	8	49
合計	805	218	1,023

2.2.3 実施状況

調査は「専門図書館における資料・情報提供サービスに関わる職務内容調査」として，六つの機関種の1,023機関を対象に，2011年5月24日から6月15日まで実施した。6月22日には葉書による督促（返送期限：7月6日）を

行った。その結果，669機関から調査票を回収できた。このうち，閉鎖や回答辞退などの理由で十分な結果が得られなかった85機関を集計から除外した。有効回収数は584機関（有効回収率57.1％）であった。

『総覧』2006年版と2009年版で「その他」に区分された機関から回収された26機関は，前述した四つの基準の(1)から(3)に基づき，「その他」以外の五つの機関種に区分し直した。この理由は機関種をより厳密に捉えることによって，曖昧さを極力排除するためである。また，機関種の「学会・協会・団体」については，便宜上，「団体」と記載した。以上のことから，本章では五つの機関種を検討の対象とする。

2.2.4 調査結果
2.2.4.1 回答機関の状況

回答が得られた機関の状況について，(1) 機関種の内訳，(2) 機関の所在地，(3) 公開区分，(4) 機関名称，(5) スタッフ数を述べる。

(1) 機関種の内訳

表2-4では機関種別の内訳とその細区分を示した。内訳では，地方議会・自治体（176機関：30.1％），団体（153機関：26.2％），民間企業（128機関：21.9％），国・独立行政法人（115機関：19.7％），国際・外国政府機関（12機関：2.1％）の順に多かった。細区分を含めて機関種別の状況をより詳細に示すと，民間企業（128機関：21.9％），地方自治体（121機関：20.7％），財団法人（83機関：14.2％），独立行政法人（81機関：13.9％）の順であった。

(2) 機関の所在地

表2-5では機関が所在する都府県の機関種別内訳を示した。その上位は，東京都（215機関：36.8％），神奈川県（47機関：8.0％），大阪府（39機関：6.7％），茨城県（27機関：4.6％），愛知県（24機関：4.1％）の順であった。1位と2位との差が顕著であり，専門図書館が東京都に集中している状況がわかる。

表 2-4　回答機関の機関種別内訳

機関種	機関数	%
国・独立行政法人	115	19.7%
国	34	5.8%
独立行政法人	81	13.9%
地方議会・自治体	176	30.1%
地方議会	55	9.4%
地方自治体	121	20.7%
団体	153	26.2%
財団法人	83	14.2%
社団法人	32	5.5%
その他法人	38	6.5%
民間企業	128	21.9%
国際・外国政府機関	12	2.1%
合計	584	100.0%

　機関種の内訳をみると，団体（99機関：64.7％）と国際・外国政府機関（10機関：83.3％）では，東京都に所在する機関が大多数を占めていた。国・独立行政法人では，東京都（52機関：45.2％）と茨城県（21機関：18.3％）に所在する機関が多かった。この理由には，東京都には各機関の本省や本部機能が，茨城県には独立行政法人の研究機関が多数，所在していることが影響していると考えられる。民間企業では，東京都（47機関：36.7％），神奈川県（23機関：18.0％），大阪府（14機関：10.9％）に所在する機関が多かった。この理由には，これらの都府県は大都市を擁しており，民間企業の本社や支社機能が置かれているためと考えられる。

表2-5 所在地別・機関種別の上位内訳

都府県	機関数・%合計		機関種				
			国・独立行政法人	地方議会・自治体	団体	民間企業	国際・外国政府機関
東京都	215	36.8%	52	7	99	47	10
神奈川県	47	8.0%	5	12	7	23	0
大阪府	39	6.7%	3	13	9	14	0
茨城県	27	4.6%	21	2	1	3	0
愛知県	24	4.1%	1	15	3	5	0

(3) 公開区分

表2-6では公開区分の状況を機関種別に示した。公開が302機関（51.7%），限定公開が161機関（27.6%），非公開が121機関（20.7%）であり，限定公開を含めると公開機関が約80%と多数を占めていた。

機関種ごとの内訳については，公開機関では地方議会・自治体（120機関：39.7%），団体（85機関：28.1%），国・独立行政法人（73機関：28.1%）の順に多かった。限定公開機関では団体（59機関：36.6%）と地方議会・自治体（40機関：24.9%）が上位を占めていた。特に，これらの機関は公的機関であり，広く一般に公開することを旨としているところが多いため，高い公開率につながったと考えられる。

他方，非公開機関では民間企業（90機関：74.4%）が多数を占めていた。民間企業に附設する専門図書館は，親機関の機密事項を守る必要があり，利用対象者を内部の関係者に限定する傾向にあることが影響していると考えられる。

(4) 機関名称

表2-7では機関に付けられた名称の状況を機関種別に示した。その上位は，図書室（館），ライブラリーが163機関（27.9%），情報センター（情報室，情報管理）が79機関（13.5%），資料室が63機関（10.8%），調査課・室が61機関（10.4%）の順であった。

表 2-6　公開区分別・機関種別内訳

公開区分	機関数・%合計		機関種				
			国・独立行政法人	地方議会・自治体	団体	民間企業	国際・外国政府機関
公開	302	51.7%	73	120	85	13	11
限定公開	161	27.6%	36	40	59	25	1
非公開	121	20.7%	6	16	9	90	0
合計	584	100.0%	115	176	153	128	12

表 2-7　機関名称別・機関種別内訳

機関名称	機関種					機関数合計
	国・独立行政法人	地方議会・自治体	団体	民間企業	国際・外国政府機関	
図書室（館），ライブラリー	44	12	73	29	5	163
情報センター（情報室，情報管理）	19	19	12	28	1	79
資料室	10	16	18	16	3	63
調査課・室	2	54	4	1	0	61
管理・運営（総務，業務推進，庶務，事業）	15	12	6	14	0	47
研究所，R&D，研究開発	3	11	12	18	0	44
企画部・課・室	6	14	1	8	1	30
広報課・室	9	2	4	0	1	16
知財	1	0	0	2	0	3
その他	6	36	23	12	1	78
合計	115	176	153	128	12	584

　機関種の内訳をみると，国・独立行政法人（44機関：38.3%），団体（73機関：47.7%），国際・外国政府機関（5機関：41.7%）では，図書室（館），ライブラリーがもっとも多かった。民間企業では，図書室（館）・ライブラリー（29機関：22.7%）と情報センター（28機関：21.9%）がほぼ同数であった。地方議会・自治体では，調査課・室（54機関：30.7%）がもっとも多く，このうち，地方議会（52機関）が大多数を占めていた。以上のことから，地方

議会・自治体を除き，図書室（館），ライブラリーといった従来型の名称を冠しているところが多かった。

(5) スタッフ数

図2-1ではスタッフ数の内訳を示した。スタッフ数は正規職（社）員と非正規職（社）員の合計を示している。スタッフ数の上位は，2人以上3人未満が126機関（21.6%），3人以上4人未満が106機関（18.2%），1人以上2人未満が97機関（16.6%）の順に多かった。

表2-8では機関種別にスタッフ数の平均値を示した。国・独立行政法人が6.2人であり，国および国に準ずる機関のスタッフ数が多かった。次いで，団体が4.2人，民間企業が3.9人と続いた。地方議会・自治体は3.4人であり，他の機関種に比べて事業環境が厳しいと考えられる民間企業よりもスタッフ数が少なかった。なお，調査の実施時に最新版であった『総覧』2009年版では，専任・兼任，常用雇用のパート・アルバイト・人材派遣を含めたスタッフ数の平均は，民間企業が4.1人，地方議会・自治体が4.8人であった[5]。

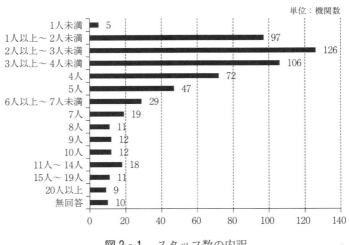

図2-1　スタッフ数の内訳

表2-8　機関種別スタッフ数平均値

機関種	平均値（人）
国・独立行政法人	6.2
地方議会・自治体	3.4
団体	4.2
民間企業	3.9
国際・外国政府機関	3.5

2.2.4.2　職務の実施状況

(1)　全体

　表2-9ではサービス対象者別に職務の実施状況を示した。この表をもとにサービス対象者を区分せずに全体を検討する。まず、「実施している」職務のうち、実施率の高いものは次の職務であった。「(6)資料・情報の閲覧サービス」(88.5%)、「(4)図書館システム等による資料の目録作成」(74.0%)、「(10)レファレンス業務」(71.4%)、「(7)資料の貸出・返却」(68.8%)、「(8)資料・文献の複写」(68.0%)などである。これらの職務は、図書館サービスの基幹を成すものであり、かつ従来型のサービスに関わるものと捉えられる。他方、実施率の低い職務は次の職務であった。「(14)抄録・解題の作成」(3.4%)、「(19)レファレンスデータベースの作成」(9.8%)、「(20)自部門の内外で作成される資料の電子化」(9.9%)、「(11)資料・情報に加工・分析を施し利用者へ提供」(11.1%)などである。これらの職務は、先進的な職務であり、かつ発信型の資料・情報サービスに関わるものと捉えられる。

　次に、機関数の観点から検討する。全体では「実施している」機関の方が、「一部実施している」機関より多かった。しかし、次の二つの職務については、「実施している」機関より「一部実施している」機関の方が顕著に多かった。一つは、「(11)資料・情報に加工・分析を施し利用者へ提供」する職務（実施65機関、一部実施88機関）であり、もう一つは「(20)自部門の内外で作成される資料を電子化」して提供する職務（実施58機関、一部実施88機関）であった。二つの職務は、情報通信技術を活用した先端的なサービスであると捉えられる。

表2-9　サービス対象者別職務の実施状況

職務内容	実施している						小計	%
	内部のみ	%	内部+外部（すべて）	%	内部+外部（限定的）	%		
(1) 資料の選書	–	–	–	–	–	–	394	67.5%
(2) 商用DB, 電子Jの選定	–	–	–	–	–	–	163	27.9%
(3) 保存年限の設定	–	–	–	–	–	–	269	46.1%
(4) システムで目録作成	–	–	–	–	–	–	432	74.0%
(5) 内外の資料収集・管理	–	–	–	–	–	–	265	45.4%
(6) 閲覧サービス	103	19.9%	308	59.6%	106	20.5%	517	88.5%
(7) 貸出・返却	187	46.5%	100	24.9%	115	28.6%	402	68.8%
(8) 資料・文献の複写	114	28.7%	189	47.6%	94	23.7%	397	68.0%
(9) 資料の予約	127	50.0%	80	31.5%	47	18.5%	254	43.5%
(10) レファレンス業務	110	26.4%	258	61.9%	49	11.8%	417	71.4%
(11) 情報の加工・分析	30	46.2%	25	38.5%	10	15.4%	65	11.1%
(12) 資料・情報の探し方	37	54.4%	23	33.8%	8	11.8%	68	11.6%
(13) 索引・リストの作成	36	45.0%	36	45.0%	8	10.0%	80	13.7%
(14) 抄録, 解題の作成	7	35.0%	12	60.0%	1	5.0%	20	3.4%
(15) 利用案内, 新着案内	134	44.5%	134	44.5%	33	11.0%	301	51.5%
(16) 相互貸借	52	32.1%	41	25.3%	69	42.6%	162	27.7%
(17) OPACでの書誌・所蔵情報の提供	81	36.3%	118	52.9%	24	10.8%	223	38.2%
(18) 独自コンテンツ・DB作成	53	41.1%	62	48.1%	14	10.9%	129	22.1%
(19) レファレンスDB作成	39	68.4%	14	24.6%	4	7.0%	57	9.8%
(20) 資料の電子化	18	31.0%	32	55.2%	8	13.8%	58	9.9%
(21) 新着資料案内の提供・配信	67	45.3%	65	43.9%	16	10.8%	148	25.3%
(22) 使用方法の教育・指導	67	78.8%	10	11.8%	8	9.4%	85	14.6%

(注) 実施状況ごとの比率（%）は有効回収数584機関を母数としている。サービス対象者別（内部のみ・内部+外部（すべて）

単位：機関数

一部実施している							実施せず	
内部のみ	・%	内部＋外部（すべて）	・%	内部＋外部（限定的）	・%	小計	%	値	%
－	－	－	－	－	－	112	19.2%	75	12.8%
－	－	－	－	－	－	87	14.9%	334	57.2%
－	－	－	－	－	－	172	29.5%	143	24.5%
－	－	－	－	－	－	102	17.5%	50	8.6%
－	－	－	－	－	－	128	21.9%	180	30.8%
13	22.8%	17	29.8%	27	47.4%	57	9.8%	8	1.4%
47	51.6%	13	14.3%	31	34.1%	91	15.6%	90	15.4%
51	45.9%	31	27.9%	29	26.1%	111	19.0%	75	12.8%
41	50.0%	17	20.7%	24	29.3%	82	14.0%	244	41.8%
33	38.4%	27	31.4%	26	30.2%	86	14.7%	78	13.4%
44	50.0%	23	26.1%	21	23.9%	88	15.1%	425	72.8%
31	49.2%	22	34.9%	10	15.9%	63	10.8%	451	77.2%
47	57.3%	25	30.5%	10	12.2%	82	14.0%	417	71.4%
10	41.7%	10	41.7%	4	16.7%	24	4.1%	538	92.1%
52	50.0%	39	37.5%	13	12.5%	104	17.8%	176	30.1%
31	29.5%	10	9.5%	64	61.0%	105	18.0%	313	53.6%
15	28.3%	28	52.8%	10	18.9%	53	9.1%	302	51.7%
35	47.3%	29	39.2%	10	13.5%	74	12.7%	366	62.7%
37	69.8%	8	15.1%	8	15.1%	53	9.1%	470	80.5%
32	36.4%	49	55.7%	7	8.0%	88	15.1%	428	73.3%
78	56.1%	49	35.3%	12	8.6%	139	23.8%	292	50.0%
74	77.9%	9	9.5%	12	12.6%	95	16.3%	399	68.3%

・内部＋外部（限定的））の比率（％）は実施状況ごとの小計を母数としている。

(2) サービス対象者

　表2-9をもとにサービス対象者別に「実施している」職務の状況を比率の観点から検討する。「内部のみ」に提供している比率の高い職務は次の職務であった。「(22)資料・情報の使用方法の教育・指導」(78.8%)，「(19)レファレンスデータベースの作成」(68.4%)，「(12)特定テーマの資料・情報の探し方」(54.4%)，「(9)資料の予約」(50.0%) などである。このことから，利用支援を含めて所蔵する資料・情報の利用促進を積極的に行っている状況が見て取れる。「内部と外部（すべて）」に提供している比率の高い職務は次の職務であった。「(10)レファレンス業務」(61.9%)，「(14)抄録・解題の作成」(60.0%)，「(6)資料・情報の閲覧サービス」(59.6%)，「(20)自部門の内外で作成される資料の電子化」(55.2%) などである。「内部と外部（限定的）」に提供しているもっとも比率の高い職務は，「(16)相互貸借」(42.6%) であったが，その他の職務に顕著な差異は見られなかった。

　また，「一部実施している」職務のうち，「内部のみ」に提供している比率の高い職務は次の2つであった。「(22)資料・情報の使用方法の教育・指導」(77.9%)，「(19)レファレンスデータベースの作成」(69.8%) であり，「実施している」職務と同様の傾向が見られた。

(3) 機関種

　表2-10では機関種別に職務の実施状況を示した。第一に，「実施している」職務について検討する。まず，実施率の高い職務については，次の三つの職務が順位は異なるものの，5機関種すべての上位5位までに含まれていた。「(4)図書館システム等による資料の目録作成」（国・独立行政法人4位，地方議会・自治体2位，団体3位，民間企業2位，国際・外国政府機関5位），「(6)資料・情報の閲覧サービス」（国・独立行政法人1位，地方議会・自治体1位，団体1位，民間企業1位，国際・外国政府機関1位），「(10)レファレンス業務」（国・独立行政法人2位，地方議会・自治体5位，団体5位，民間企業4位，国際・外国政府機関1位) である。特に，「(6)資料・情報の閲覧サービス」は，5機関種のいずれにおいても，もっとも高い実施率であった。

また，次の二つの職務は，順位は異なるものの，5機関種のうち4機関種の上位5位までに含まれていた。「(7)資料の貸出・返却」（国・独立行政法人5位，地方議会・自治体4位，民間企業3位，国際・外国政府機関5位），「(8)資料・文献の複写」（国・独立行政法人3位，団体3位，民間企業5位，国際・外国政府機関3位）である。

　以上のことから，いずれの機関種においても資料・情報提供サービスの中でも，特に資料の組織化，閲覧・レファレンスといった従来型のサービスを重視した職務が実施されていることがわかった。他方，「(14)抄録，解題の作成」は，4機関種（国・独立行政法人，地方議会・自治体，民間企業，国際・外国政府機関）において，実施率がもっとも低い職務であった。

　次に，機関種ごとに「実施している」職務について機関種間で見られる顕著な差異を検討する。民間企業では，「(18)独自コンテンツ・データベースの作成」（31.3%）と「(22)資料・情報の使用方法の教育・指導」（30.5%）の実施率が他の機関種より高かった。また，国・独立行政法人では，「(16)資料の相互貸借」（57.4%）の実施率が他の機関種より高かった。これら三つの職務を対象に，機関種による実施の差をクラスカル・ウォリスの順位和検定により検証したところ有意差が認められた（χ^2値は順に，35.919，94.381，85.004，df=4，$p<0.0001$）。

　第二に，「一部実施している」職務では「(3)保存年限の設定」（国・独立行政法人1位，地方議会・自治体2位，団体1位，民間企業3位，国際・外国政府機関1位）が上位3位までに含まれていた。

⑷　スタッフ数

　表2-11ではスタッフ数を5区分し，各職務について，「実施している」機関と「一部実施している」機関を合わせて実施率の状況を示した。なお，スタッフ数は正規職（社）員と非正規職（社）員の合計である。

　第一に，実施率の高い職務については，次の三つの職務が順位は異なるものの，すべての区分で上位5位までに含まれていた。「(1)資料の選書」「(4)図書館システム等による資料の目録作成」「(6)資料・情報の閲覧サービス」で

表2-10　機関種別職務の実施状況

		実施している										
	職務内容	国・独立行政法人	・%	地方議会・自治体	・%	団体	・%	民間企業	・%	国際・外国政府機関	・%	国・独立行政法人
(1)	資料の選書	81	70.4%	114	64.8%	110	71.9%	85	66.4%	4	33.3%	20　17
(2)	商用DB，電子Jの選定	51	44.3%	18	10.2%	30	19.6%	62	48.4%	2	16.7%	25　21
(3)	保存年限の設定	41	35.7%	82	46.6%	63	41.2%	80	62.5%	3	25.0%	44　38
(4)	システムで目録作成	96	83.5%	114	64.8%	109	71.2%	107	83.6%	6	50.0%	16　13
(5)	内外の資料収集・管理	67	58.3%	83	47.2%	72	47.1%	40	31.3%	3	25.0%	20　17
(6)	閲覧サービス	108	93.9%	151	85.8%	132	86.3%	115	89.8%	12	100.0%	6　5
(7)	貸出・返却	91	79.1%	105	59.7%	98	64.1%	103	80.5%	6	50.0%	13　11
(8)	資料・文献の複写	101	87.8%	82	46.6%	109	71.2%	96	75.0%	10	83.3%	8　7
(9)	資料の予約	62	53.9%	51	29.0%	75	49.0%	64	50.0%	4	33.3%	15　13
(10)	レファレンス業務	102	88.7%	100	56.8%	108	70.6%	97	75.8%	12	100.0%	8　7
(11)	情報の加工・分析	11	9.6%	15	8.5%	20	13.1%	20	15.6%	0	0.0%	9　7
(12)	資料・情報の探し方	10	8.7%	12	6.8%	15	9.8%	30	23.4%	1	8.3%	9　7
(13)	索引・リストの作成	11	9.6%	15	8.5%	32	20.9%	21	16.4%	1	8.3%	16　13
(14)	抄録，解題の作成	3	2.6%	2	1.1%	11	7.2%	4	3.1%	0	0.0%	4　3
(15)	利用案内，新着案内	64	55.7%	82	46.6%	81	52.9%	70	54.7%	6	50.0%	18　15
(16)	相互貸借	66	57.4%	32	18.2%	47	30.7%	14	10.9%	4	33.3%	26　22
(17)	OPACでの書誌・所蔵情報の提供	83	72.2%	33	18.8%	49	32.0%	57	44.5%	2	16.7%	13　11
(18)	独自コンテンツ・DB作成	29	25.2%	19	10.8%	37	24.2%	40	31.3%	7	58.3%	10　8
(19)	レファレンスDB作成	14	12.2%	3	1.7%	18	11.8%	23	18.0%	0	0.0%	10　8
(20)	資料の電子化	19	16.5%	13	7.4%	10	6.5%	17	13.3%	1	8.3%	28　24
(21)	新着資料案内の提供・配信	42	36.5%	28	15.9%	32	20.9%	43	33.6%	4	33.3%	36　31
(22)	使用方法の教育・指導	24	20.9%	10	5.7%	11	7.2%	39	30.5%	2	16.7%	30　26

(注)　実施状況ごとの機関種別の比率（%）は各機関種の有効回収数を母数としている。

単位：機関数

実施している				実施せず				
方議会・自治体・%	団体・%	民間企業・%	国際・外国政府機関・%	国・独立行政法人・%	地方議会・自治体・%	団体・%	民間企業・%	国際・外国政府機関・%
31　17.6%	29　19.0%	27　21.1%	5　41.7%	14　12.2%	29　16.5%	13　8.5%	16　12.5%	3　25.0%
14　8.0%	18　11.8%	27　21.1%	3　25.0%	39　33.9%	144　81.8%	105　68.6%	39　30.5%	7　58.3%
45　25.6%	42　27.5%	34　26.6%	7　58.3%	30　26.1%	49　27.8%	48　31.4%	14　10.9%	2　16.7%
39　22.2%	30　19.6%	12　9.4%	5　41.7%	3　2.6%	23　13.1%	14　9.2%	9　7.0%	1　8.3%
34　19.3%	28　18.3%	42　32.8%	4　33.3%	27　23.5%	55　31.3%	48　31.4%	45　35.2%	5　41.7%
20　11.4%	19　12.4%	12　9.4%	0　0.0%	1　0.9%	5　2.8%	2　1.3%	0　0.0%	0　0.0%
38　21.6%	25　16.3%	13　10.2%	2　16.7%	11　9.6%	33　18.8%	30　19.6%	12　9.4%	4　33.3%
50　28.4%	28　18.3%	24　18.8%	1　8.3%	6　5.2%	44　25.0%	16　10.5%	8　6.3%	1　8.3%
21　11.9%	24　15.7%	20　15.6%	2　16.7%	38　33.0%	104　59.1%	54　35.3%	42　32.8%	6　50.0%
32　18.2%	26　17.0%	20　15.6%	0　0.0%	5　4.3%	43　24.4%	19　12.4%	11　8.6%	0　0.0%
16　9.1%	32　20.9%	27　21.1%	6　50.0%	94　81.7%	144　81.8%	100　65.4%	81　63.3%	6　50.0%
12　6.8%	21　13.7%	19　14.8%	2　16.7%	96　83.5%	152　86.4%	116　75.8%	78　60.9%	9　75.0%
17　9.7%	24　15.7%	26　20.3%	1　8.3%	88　76.5%	142　80.7%	96　62.7%	81　63.3%	10　83.3%
3　1.7%	9　5.9%	8　6.3%	0　0.0%	108　93.9%	170　96.6%	133　86.9%	115　89.8%	12　100.0%
32　18.2%	32　20.9%	20　15.6%	3　25.0%	33　28.7%	62　35.2%	40　26.1%	38　29.7%	3　25.0%
27　15.3%	21　13.7%	30　23.4%	2　16.7%	23　20.0%	117　66.5%	84　54.9%	83　64.8%	6　50.0%
9　5.1%	17　11.1%	9　7.0%	5　41.7%	19　16.5%	133　75.6%	86　56.2%	60　46.9%	5　41.7%
19　10.8%	24　15.7%	23　18.0%	1　8.3%	75　65.2%	137　77.8%	89　58.2%	61　47.7%	4　33.3%
7　4.0%	19　12.4%	15　11.7%	3　25.0%	91　79.1%	165　93.8%	115　75.2%	90　70.3%	9　75.0%
19　10.8%	17　11.1%	24　18.8%	3　25.0%	68　59.1%	143　81.3%	124　81.0%	85　66.4%	8　66.7%
31　17.6%	35　22.9%	35　27.3%	6　50.0%	37　32.2%	117　66.5%	86　56.2%	50　39.1%	2　16.7%
11　6.3%	19　12.4%	33　25.8%	3　25.0%	60　52.2%	155　88.1%	123　80.4%	54　42.2%	7　58.3%

表2-11　スタッフ数別職務の実施状況

単位：機関数

職務内容	2人未満			2人以上3人未満			3人以上4人未満			5人以上10人以下			11人以上		
	順	合計	%	順	合計	%	順	合計	%	順	合計	%	順	合計	%
(1) 資料の選書	4	77	75.5%	4	104	82.5%	3	166	93.3%	4	115	88.5%	1	38	100.0%
(2) 商用DB、電子Jの選定	15	27	26.5%	13	52	41.3%	13	87	48.9%	14	60	46.2%	16	19	50.0%
(3) 保存年限の設定	7	70	68.6%	7	97	77.0%	7	145	81.5%	9	95	73.1%	7	30	78.9%
(4) システムでの目録作成	2	89	87.3%	2	114	90.5%	2	168	94.4%	2	119	91.5%	4	37	97.4%
(5) 内外の資料収集・管理	8	59	57.8%	8	78	61.9%	9	130	73.0%	8	97	74.6%	13	23	60.5%
(6) 閲覧サービス	1	97	95.1%	1	124	98.4%	1	177	99.4%	1	129	99.2%	1	38	100.0%
(7) 貸出・返却	5	76	74.5%	3	105	83.3%	6	158	88.8%	4	115	88.5%	6	33	86.8%
(8) 資料・文献の複写	3	85	83.3%	6	102	81.0%	5	162	91.0%	4	115	88.5%	5	36	94.7%
(9) 資料の予約	10	41	40.2%	10	66	52.4%	10	112	62.9%	10	85	65.4%	7	30	78.9%
(10) レファレンス業務	6	73	71.6%	5	103	81.7%	3	166	93.3%	3	117	90.0%	1	38	100.0%
(11) 情報の加工・分析	18	19	18.6%	18	26	20.6%	18	52	29.2%	18	41	31.5%	18	14	36.8%
(12) 資料・情報の探し方	20	18	17.6%	20	23	18.3%	19	51	28.7%	21	30	23.1%	21	7	18.4%
(13) 索引・リストの作成	18	19	18.6%	16	31	24.6%	17	58	32.6%	19	38	29.2%	18	14	36.8%
(14) 抄録、解題の作成	22	2	2.0%	22	10	7.9%	22	17	9.6%	22	6	4.6%	21	7	18.4%
(15) 利用案内、新着案内	9	53	52.0%	9	75	59.5%	8	144	80.9%	7	101	77.7%	9	29	76.3%
(16) 相互貸借	12	32	31.4%	11	56	44.4%	13	87	48.9%	12	66	50.8%	12	24	63.2%
(17) OPACでの書誌・所蔵情報の提供	13	28	27.5%	14	50	39.7%	11	102	57.3%	11	70	53.8%	11	26	68.4%
(18) 独自コンテンツ・DB作成	13	28	27.5%	15	32	25.4%	15	65	36.5%	15	57	43.8%	14	22	57.9%
(19) レファレンスDB作成	21	11	10.8%	21	18	14.3%	21	37	20.8%	20	31	23.8%	17	15	39.5%
(20) 資料の電子化	16	22	21.6%	19	25	19.8%	20	46	25.8%	17	42	32.3%	20	13	34.2%
(21) 新着資料案内の提供・配信	11	36	35.3%	11	56	44.4%	11	102	57.3%	12	66	50.8%	10	27	71.1%
(22) 使用方法の教育・指導	16	22	21.6%	17	29	23.0%	16	61	34.3%	16	45	34.6%	14	22	57.9%

(注) 表中の%は、次のスタッフ数区分の機関数が母数となっている。2人未満 102機関、2人以上3人未満 126機関、3人以上4人未満 178機関、5人以上10人以下 130機関、11人以上 38機関

36　第2章　専門図書館職員の職務を構成する知識・技術

ある。これらの職務は，資料の収集・組織化・提供という従来型のサービスである。また，スタッフ数が2人以上の四つの区分では上位5位までに「⑽レファレンス業務」が含まれていた。スタッフ数の区分ごとに上位5位までの職務の実施率の平均値を見ると，「2人未満」が83.1%ともっとも低く，「11人以上」が98.4%ともっとも高かった。五つの区分を比較すると職務の実施率の平均値に最大15.3ポイントの差があった。

　第二に，上位10位までの職務の状況は，ほぼすべてのスタッフ数の区分で，実施の順位に若干の差異があるものの，大きな違いは見られなかった。そうした状況で，スタッフ数「11人以上」の機関では，「㉑新着情報案内の提供・配信」（71.1%）が10位に位置しており，他のスタッフ数の区分に比べて，実施率，順位ともに高い状況であった。この職務は，ホームページやメールマガジンなどを使用した発信型の情報サービスに関わるものと捉えられる。スタッフ数の区分ごとに上位10位までの職務の実施率の平均値を見ると，「2人未満」が70.6%ともっとも低く，「11人以上」が88.4%でもっとも高かった。五つの区分を比較すると職務の実施率の平均値に最大17.8ポイントの差があった。比率の傾向は，上位5位までと同様ではあるが，実施職務の範囲が広がるにつれて，実施率の格差が広がった。

2.3　聞き取りによる職務の実施状況調査

2.3.1　調査項目

　聞き取り調査では，2.2の質問紙調査で明らかになった実施率の低い発信型の資料・情報サービスに関わる職務を実施している機関を候補に含め，質問紙調査で把握できなかった状況を詳細に調べた。具体的には，次の七つの職務についてである。

（1）　情報の加工・分析
（2）　資料・情報の探し方
（3）　索引・リストの作成
（4）　独自コンテンツ・データベースの作成

(5) レファレンスデータベースの作成
(6) 資料の電子化
(7) 新着資料案内の提供・配信

また，聞き取り調査では上記七つの職務の実情と合せて，専門図書館職員がこうした職務の遂行に必要と考える知識や技術と，各機関における人材育成に関わる状況も対象とした。

2.3.2 調査対象

調査対象の設定にあたっては，質問紙調査で回収できた584機関について，まず，職務の実施状況を点数化した。具体的には，「実施」に2点，「一部実施」に1点，「実施せず」に0点を付与し，機関ごとの合計値を算出し，点数の高い順に並べ替え，職務の実施状況を把握した。合計値の大きい機関が多くの職務を実施していることになる。この方法によって，実施している職務の多い機関のうち，上位17機関を選定した。その際，特に，機関種に偏りが生じないよう配慮した。

次に，選定した機関に対し聞き取り調査を依頼した。その結果，7機関（民間企業2機関，国・独立行政法人2機関，地方自治体2機関，団体1機関）から聞き取り調査への承諾が得られた。表2-12では機関種別に対象機関を示した。機関名は業種または主題テーマと親機関での位置づけを組み合わせて記した。

表2-12 聞き取り調査の対象機関

機関種	機関
民間企業	電気機器産業の技術図書室
	電気機器産業グループの中核企業が設立した企業内ライブラリ
国・独法	政府開発援助（ODA）の実施に関する機関内図書館
	文化芸術交流，日本研究を主題とする研修センター内図書館
地方自治体	市立病院の病院図書室
	ジェンダーを主題とするセンター内図書室
団体	食料・農林業を主題とする協会内資料室

2.3.3 実施状況

聞き取り調査では，発信型の資料・情報サービスに関わる職務を実施している7機関の状況を把握することを目的に2011年12月から2012年1月にかけて実施した。調査の方法には，半構造化インタビューの一つである問題中心インタビューで使用される四つのコミュニケーション戦略のうち，「一般的探索」と「特定的探索」を用いた[6]。

2.3.4 調査結果

まず，七つの職務について対象機関から得られた聞き取り結果を取りまとめて整理する。次に，各機関において，それらの職務を遂行するにあたり必要と考えるスキルとその修得方法について整理する。なお，機関名を記す際は表2-12の機関名に付した下線の略称を用いる。

2.3.4.1 職務の実施状況

(1) 情報の加工・分析

この職務は，各機関で所蔵する資料・情報をもとに実施されていた。具体的には次の三つに集約できる。① 特定分野や競合他社，特許侵害に関する検索代行（技術図書室），② 図書館の利用促進の一環として特定テーマを選択しパネルにまとめた企画展，特定テーマの図書を選書して展示するブックフェアの開催（企業内ライブラリ），③ 内部利用者からの要求に応じた親機関の事業実績一覧や統計データの図表化など（機関内図書館）である。

①の検索代行は，今後，収集した文献データを元に解析ツールと連動させ，研究開発に役立つ情報を多角的に得ることを視野に入れているため，さらなる情報の加工・分析の深化につながるものと捉えられる。

(2) 資料・情報の探し方

この職務は，パスファインダーとガイドブックを作成することで実施されていた。前者については，利用者からの求めに応じてその都度，体裁を整えて作成していた（技術図書室）。また，主題テーマに関するパスファインダー

を作成することによっても対応していた（機関内図書館，センター内図書室）。媒体は紙媒体のほかPDFでも提供していた（センター内図書室）。

　後者については，親機関が開催するシンポジウムやセミナー時に催し物のテーマに沿ったものを作成していた（協会内資料室）。

(3)　索引・リストの作成

　この職務は，次の六つのリストなどを作成することで実施されていた。① 親機関が開催するセミナーのテーマに沿って作成された資料リスト（協会内資料室），② 主題テーマに関するコンテンツシートサービス（病院図書室），③ 主題テーマに関連した内容紹介やキーワード付与を伴ったブックリスト（センター内図書室），④ 受入図書に掲載された参考文献リストを複写し，件名を付与して整理・保管したもの（研修センター内図書館），⑤ 国立国会図書館で未所蔵の雑誌目次を複写したもの（同前），⑥ 雑誌に掲載された各国情報を巻号ごとに国別リストとして整理したもの（同前）である。

(4)　独自コンテンツ・データベースの作成

　この職務は，親機関の利用者に対するサービスとして作成したデータベースをイントラネットに提供することで実施されていた。データベースの具体例としては，内部業務文書データベース，リクエストにより作成したデータ，レファレンス事例データベースなど（機関内図書館）やOPAC（Online Public Access Catalog，オンライン閲覧目録）を内部用と外部用に切り分け，内部用として担当部署が雑誌・新聞記事を要約したデータベースや団体・人物情報のデータベース（協会内資料室），主題テーマに関する和雑誌の特集記事のデータベースなど（病院図書室）である。

(5)　レファレンスデータベースの作成

　この職務は，機関の公開状況に連動して実施の状況に違いが見られた。たとえば，非公開の機関では，レファレンス担当者間の情報共有と業務効率化のためにレファレンスデータベースを作成しているが，グループ企業の事業

計画や経営戦略に関わる内容であるため非公開としていた（企業内ライブラリ）。他方，公開機関では，国立国会図書館のレファレンス協同データベース事業に自館のレファレンス事例を提供し，広く一般に公開している機関（協会内資料室，研修センター内図書館）もあった。

(6) 資料の電子化

　この職務は，図書館や親機関で作成している資料をPDF化し，内容に応じてウェブサイトやイントラネットに掲載することで実施されていた。具体的には次の三つに集約できる。① 技報のバックナンバー（近年刊行分はウェブページで公開）をPDF化し，検索機能を付加してイントラネットで公開（技術図書室），② 図書館内外で作成される資料をPDF化し，外部公開できないものはイントラネットに，その他はウェブサイトで提供（機関内図書館），③ 親機関が作成した機関誌などをPDF化してウェブサイトで提供（協会内資料室）していた。

(7) 新着資料案内の提供・配信

　この職務は，次の四つの方法によって実施されていた。具体的には，① SDIサービス，② ポータルサイトやグループウェア，③ ブログ，④ メールマガジンである。

　提供・配信されるコンテンツは，①では，図書，雑誌，雑誌記事・論文を対象とし，特に，論文は研究者から検索を依頼された際，検索に使用したキーワードを登録し，新たに該当する論文が発表されると依頼者に配信していた。その他は希望者が登録していた（技術図書室）。このほか，グループ内の利用者に対し，新聞・ニュース記事，新着資料を提供していた（企業内ライブラリ）。②では，図書，雑誌目次，記事を提供していた（機関内図書館）。③では，ホームページへのアクセス数を上げるため，ブログを見て興味をもった人がホームページにたどり着ける仕組みをつくっていた（協会内資料室）。④では，親機関の配信するメールマガジンに，図書室からのお知らせとして，新刊案内や所蔵図書の紹介記事などを載せていた（センター内図書室，研修セ

ンター内図書館）。

2.3.4.2 スキルと修得方法

　聞き取り調査をもとに，2.3.4.1で整理した七つの職務を遂行するために求められるスキルと，そうしたスキルの修得方法を整理する。なお，「スキル」は本章における専門図書館職員の職務の構成要素となる知識・技術の一部を成すものと捉えられる。

　まず，七つの職務を遂行するにあたり，いずれの職務にも共通して求められるスキルとして，次の三つが挙げられる。① 情報検索技術，② 主題知識，③ 情報通信技術である。①はパスファインダー，ガイドブック（技術図書室）など多種多様なツールを用いて，利用者に情報を提供する際に，また，利用者の要求に応じて統計データを図表化する（機関内図書館）など情報を分析・加工する際に求められるものである。このスキルは，発信型の職務に限らず「⑽　レファレンス業務」など従来型のサービスにも必要となるため，専門図書館の職務の基幹を成すものであると言える。

　このスキルの修得にあたっては関連資格の取得を奨励する機関が見られた。具体的には，情報検索技術の保有者として認定される資格を取得することを求めており，そのための諸費用（受験料・講習会参加費）を所属機関が負担していた。さらに，情報検索のスキルをもつ職員のノウハウを他のメンバーと共有するための勉強会も行われていた（企業内ライブラリ）。

　②は主題テーマに関連した内容紹介やキーワード付与を伴ったブックリスト（センター内図書室）や主題テーマに関するコンテンツシートサービス（病院図書室）など利用者に各種サービスを提供する際に求められるものである。このスキルは，①のスキルと同様に発信型の職務に限らず「⑷　図書館システム等による資料の目録作成」など従来型のサービスにも必要となり，基幹となる専門図書館の職務の一部を成すものである。このスキルは，機関種ごとに対象となる主題領域が多様であり，当該分野も細分化されているため，仕事に就いた後に修得することで対応していた。それは次の状況からうかがえる。すなわち，当該分野の主題知識はOJTや職場の研究者等に質問

したり，勉強したりしながら身に付けていった（協会内資料室），関連講座に参加するなど自己啓発によって身に付けた（センター内図書室）である。

　その際，当該分野の主題知識の修得には，主題知識に関心をもって勉強する気力が大切である（機関内図書館），主題知識に対する好奇心が重要であり，利用者へのサービスを行うにあたり，自分自身がわからなかったら悔しいという気持ちをもつことも大切である（協会内資料室），といった心構えも求められている。主題知識の修得方法は，1人職場であるため当該分野の主題を扱う図書館協議会が開催する研修会への参加，近隣の病院図書室の司書に尋ねるなど，人的ネットワークを構築することで対応していた（病院図書室）。また，当該分野の主題知識に特化した研修は行われていないため，国立国会図書館や国立情報学研究所の研修会に参加しており，日常業務の中で幅広く情報収集を行うことを心掛けている（研修センター内図書館）といった状況である。このことから，ワンパーソンライブラリ，主題領域の多様性といった状況がスキルの修得のあり方に影響を及ぼしていると考えられる。

　③は内部業務文書やレファレンス事例に関するデータベースをイントラネットに提供する（機関内図書館）際に，また，親機関の作成する機関誌をPDF化してウェブサイトで提供する（協会内資料室）際に求められるものである。このスキルは，近年，発信型の情報サービスを提供するにあたり，不可欠のものであり，その修得のあり方が喫緊の課題となっている。具体的には，資料・情報サービスの提供者として，図書館システム等の機能を検討するにあたり，システムエンジニア（以下，SEという）の説明を理解でき，図書館システムのトラブル発生時に，その原因を推測しSEと交渉して対処できるスキル（機関内図書館）が求められていた。また，ホームページのレイアウトやデザインなどができるスキル（協会内資料室）も求められていた。こうしたスキルを修得するためには，図書館システムや情報通信技術に関連した企業等が行うイベントやセミナーなどに参加して，それらの動向や傾向を把握（研修センター内図書館）していた。

2.4 本章のまとめと考察

まず，質問紙調査と聞き取り調査の結果を，専門図書館で提供されている情報サービスとしてまとめる。次に，まとめた内容をもとに，専門図書館職員の職務の構成要素となる知識・技術を明らかにする。

2.4.1 提供されている情報サービス

質問紙調査では，職務の実施状況を次の四つの状況から検討した。すなわち，①全体的な状況，②サービス対象者別の状況，③機関種別の状況，④スタッフ数別の状況である。①では実施率と実施している機関数の観点から行った。その結果，実施率の高い職務は，「(6) 資料・情報の閲覧サービス」（88.5％），「(4) 図書館システム等による資料の目録作成」（74.0％），「(10)レファレンス業務」（71.4％），「(7) 資料の貸出・返却」（68.8％）など，図書館の基幹を成す職務で従来型のサービスに関わるものであった。

他方，実施率の低い職務は，「(14)抄録・解題の作成」（3.4％），「(19)レファレンスデータベースの作成」（9.8％），「(20)自部門の内外で作成される資料の電子化」（9.9％），「(11) 資料・情報に加工・分析を施し利用者へ提供」（11.1％）など，先進的な職務で発信型の資料・情報サービスに関わるものであった。また，「(11) 資料・情報に加工・分析を施し利用者へ提供」（実施65機関，一部実施88機関）と「(20)自部門の内外で作成される資料の電子化」（実施58機関，一部実施88機関）の職務は，「実施している」機関よりも「一部実施している」機関が顕著に多かった。

②では実施率の観点から検討した。その結果，サービス対象者ごとに異なる職務が実施されている状況がわかった。たとえば，内部のみに提供している職務では，「(22)資料・情報の使用方法の教育・指導」（78.8％），「(19)レファレンスデータベースの作成」（68.4％），「(12)特定テーマの資料・情報の探し方」（54.4％）などの比率が高かった。

③では実施率の観点から検討した。その結果，5機関種すべてにおいて，

「(6)　資料・情報の閲覧サービス」(国・独立行政法人93.9％，地方議会・自治体85.8％，団体86.3％，民間企業89.8％，国際・外国政府機関100％)の職務がもっとも実施率が高かった。また，「(4)　図書館システム等による資料の目録作成」(国・独立行政法人4位，地方議会・自治体2位，団体3位，民間企業2位，国際・外国政府機関5位)と「(10)　レファレンス業務」(国・独立行政法人2位，地方議会・自治体5位，団体5位，民間企業4位，国際・外国政府機関1位)が順位不同ではあるが，5機関種において上位5位までに含まれていた。

さらに，機関種ごとに実施職務を比較・検討したところ，民間企業では，「(18)独自コンテンツ・データベースの作成」(31.3％)と「(22)資料・情報の使用方法の教育・指導」(30.5％)の職務の実施率が高く，国・独立行政法人では，「(16)　資料の相互貸借」(57.4％)の実施率が高かった。この三つの職務は，クラスカル・ウォリスの順位和検定を行った結果有意差が認められた。

④ではスタッフ数を5区分して実施職務(「実施」と「一部実施」の合計機関数)を実施率の観点から比較・検討した。その結果，上位5位までに順位不同ではあるが，5区分すべてにおいて「(1)資料の選書」と「(4)　図書館システム等による資料の目録作成」，「(6)　資料・情報の閲覧サービス」が含まれていた。上位10位までの実施率を見ると，ほぼすべてのスタッフ数の区分において順位に若干の差異があるものの大きな違いは見られなかった。

聞き取り調査では，実施している職務の多い機関の中から，現状で実施率の低い発信型の資料・情報サービスに関わる職務を実施している機関を候補に含め，質問紙調査で把握できなかった状況を，より詳細に調べた。具体的には次の7つの職務である。

①情報の加工・分析については，各機関で所蔵する資料・情報をもとに検索代行や企画展・ブックフェア，利用者のニーズに応じた資料・データの作成などが実施されていた。②資料・情報の探し方については，パスファインダーとガイドブックを作成することで実施されていた。③索引・リストの作成については，資料リスト，コンテンツシートサービス，ブックリストなどを作成することによって実施されていた。④独自コンテンツ・データベースの作成については，内部業務文書データベースといった親機関の利用者に対

するサービスとして作成したデータベースをイントラネット上に掲載することで実施されていた。⑤レファレンスデータベースの作成については，非公開機関では担当者間の情報共有と業務効率化のために，公開機関では広く一般に公開するために作成されていた。⑥資料の電子化については，図書館や親機関で作成している資料をPDF化し，内容に応じてウェブサイトやイントラネットに掲載することで実施されていた。⑦新着資料案内の提供・配信については，SDIサービス，ポータルサイトやグループウェアなどを用いることによって実施されていた。提供・配信されるコンテンツは図書，雑誌，雑誌記事・論文の情報などであった。

　こうした職務を遂行するために求められるスキルには，①情報検索技術，②主題知識，③情報通信技術に関するものであった。そして，それぞれの修得方法としては，①は関連する資格の取得を推奨することによって，②はOJTや自己啓発によって，③は関連するイベントやセミナー等に参加することによってそれぞれ行われていた。

2.4.2　職務の構成要素となる知識・技術

　質問紙調査では，職務の実施状況を実施率の観点から捉え，全体，機関種別，スタッフ数別の各状況を把握した。その結果，いずれの状況にも上位5位までに「(4)　図書館システム等による資料の目録作成」，「(6)　資料・情報の閲覧サービス」が含まれていた。さらに，スタッフ数別のうち「2人未満」を除き，すべての区分において上位5位までに「(10)　レファレンス業務」が含まれていた。以上のことから，三つの職務は専門図書館にとって，実施率が顕著に高い職務であり，資料・情報の組織化・提供に関わる従来型のサービスと捉えられる。そのため，三つの職務に関わる知識・技術は，専門図書館職員の職務の構成要素を成すと考えられる。具体的には，図書館システムを用いた資料・情報の目録作成の方法に関する知識・技術，閲覧サービスに関する基本ならびに各機関に固有の知識・技術，レファレンスサービスに関する基本ならびに各機関に固有の知識・技術である。

　また，職務の実施状況を機関種別の状況から把握した結果，民間企業では，

検定の結果「(18)独自コンテンツ・データベースの作成」,「(22)資料・情報の使用方法の教育・指導」の実施率が有意に高かった。このうち,前者は発信型の情報サービスと捉えられる。質問紙調査では,五つの機関種の中で企業内専門図書館が3番目に多かった。企業内専門図書館は,利用者が組織内の関係者に限定されることが多く,利用者のニーズに積極的に対応することが求められる。そのため,企業内専門図書館では,特に資料・情報を電子化してイントラネットなどで提供すること,利用者ニーズを満たし得るデータベースを作成することに関わる知識・技術も専門図書館職員の職務の構成要素の一部を成すと考えられる。これらの知識・技術は,2.3.4.2において発信型の資料・情報サービスに関わる職務の遂行で求められるスキルとして挙げた情報通信技術の一部を成す。

　2.2.4.2で述べたように発信型の資料・情報サービスに関わる職務は,現状では実施率が低い状況にある。そのため,情報通信技術を職務の構成要素の一つと位置づけることによって,専門図書館の存在意義や機能を拡大することにつながっていくと考えられる。言うまでもなく,情報通信技術は,企業内専門図書館に限らず,親機関の職(社)員を利用者とする他の機関種の専門図書館においても必要とされている。

　各職務の遂行には,専門図書館職員の職務の構成要素となる知識・技術として,自館の主題知識が求められる。その理由には,聞き取り調査で対象とした七つの発信型の職務を検討した結果,次のサービスの実施を確認できたことが挙げられる。具体的には,パスファインダー,ブックリストなど各種ツールを用いたサービスや,ブックフェアや企画展などの開催による利用促進のための活動である。こうしたサービスと活動は,自館の主題に関わる豊富な主題知識を修得することによって,利用者に十分なサービスを提供することが可能となる。

注・引用文献
1) 青柳英治「専門情報と専門図書館」『図書館情報学事典』日本図書館情報学会編,丸善出版,2023,p.346-349.

2）越山素裕「企業図書館の現状と今後」『情報の科学と技術』Vol.47, No.5, 1997, p.250-254.；山﨑久道「これからの専門図書館のあり方」『専門図書館』No.175, 1999, p.37-45.
3）山田奨「インターネット時代の情報専門職のあり方」『情報管理』Vol.43, No.9, 2000, p.781-790.；山﨑久道「専門図書館の新たな役割とサービスの開発：専門性の革新と電子情報環境での挑戦」『21世紀の図書館と図書館員』（論集・図書館情報学研究の歩み 20）日本図書館情報学会研究委員会編, 日外アソシエーツ, 2001, p.45-59.
4）表2-2の『総覧』の機関種が団体（社団法人, 財団法人）となっているのは, 参照した『総覧』2009年版の記載に基づくためである。2008年に公益法人制度改革関連三法の全面施行がなされ, 『総覧』の編集時期と重なっていたことから従来の類型で機関種区分がなされたと考えられる。
5）専門図書館協議会編『専門情報機関総覧2009年版』専門図書館協議会, 2009, p.768.
6）問題中心インタビューとは, インタビューの前に質問紙調査を行うことによって, インタビューでの質問数を減らし, より本質的なトピックにインタビューの時間を割くもの。一般的探索とは, 話の内容にディテールを加えるために行うもの。特定的探索とは, インタビュイーの話したことをミラーリングして, 理解を深めるために行うもの。(Flick, Uwe（小田博志ほか訳）『質的研究入門：「人間の科学」のための方法論』春秋社, 2002, 410p, 参照はp.109-114.)

＊本章は, 青柳英治「専門図書館職員に求められる知識・技術：情報サービス活動にもとづく職務内容調査をもとに」『図書館界』Vol.64, No.5, 2014, p.292-307.を加筆・修正したものである。

第3章　職務経歴から捉えた専門図書館職員のキャリア形成のプロセス

3.1　本章の目的と方法

　本章では，研究課題2「専門図書館職員はどのような職務を遂行することでキャリア形成を図っているのか」を明らかにする。

　そのために次の2点を目的とする。第一に，専門図書館職員がこれまで従事してきた職務の把握を通して，どのようにしてキャリアを積み重ねてきたのかを明らかにし，それを踏まえて，今後のキャリア形成に必要となる条件を明らかにすること，第二に，その条件をもとに専門図書館職員のキャリア形成の方向性を検討することである。本章では，機関種のうち，企業，団体，独立行政法人，国際機関に附設する専門図書館において，親機関に関わる主題の資料・情報の収集・組織化・提供に携わる者を検討の対象とする。

　前述した2点の目的を検討するため，本章では聞き取り調査を行い，その結果を質的研究法の一つであるM-GTAを用いて分析する。具体的には，専門図書館職員に必要となる知識・技術を構成する概念とカテゴリーを抽出し，それらをもとに専門図書館職員のキャリア形成のプロセスと，そのプロセスに影響を及ぼす要素，ならびに概念とカテゴリー間の関係を明らかにする。

3.2 聞き取りによる専門図書館職員のキャリア分析

3.2.1 分析方法

　質的研究法の一つに1967年に米国の社会学者であるグレイザーとストラウス（Barney G. Glaser and Amselm L. Strauss）によって提唱されたグラウンデッド・セオリー・アプローチ（以下，Glaser & Strauss 版という）がある。この研究法は，データに密着した分析から独自の理論を生成する手法をとる。本章では，木下康仁が Glaser & Strauss 版に修正を加えた M-GTA[1]）を分析方法として用いる。なぜなら，Glaser & Strauss 版は，データの切片化を通して後述する概念とカテゴリーをコーディングする。その結果，個々のコンテキストは分解される。他方，M-GTA は，分析を行う研究者の問題意識に忠実にデータを解釈することによって，データ中に表現されているコンテキストの理解を重視する。そのため，コンテキストに反映されている人間の認識や行為などをデータに即して丁寧に検討することができるためである[2]）。

　さらに，M-GTA を用いる理由はその理論特性をもとに説明できる。M-GTA の主要な理論特性には，①社会的相互作用に関わる研究，②実践的活用を促す理論，③他者との相互作用の変容（プロセス）を能動的に説明できる理論であることが挙げられる[3]）。これらの理論特性を本章での研究に照らして考えると次の三つの理由が挙げられる。第一に，専門図書館における職務は専門図書館職員と利用者とが直接的にやり取りをする社会的相互作用を含んでいるため，第二に，専門図書館における職務は，対人支援を含んだヒューマンサービス領域に属しており，研究成果を実践現場に戻し能動的に応用しながら修正を加え，さらに実践に活かせるため，第三に，研究対象とする専門図書館職員のキャリア形成がプロセス的性格を持っているためである。以上のことから，M-GTA を用いることは適していると判断した。

3.2.2　分析焦点者と分析テーマ

　M-GTAでは，分析結果の中心に位置する人間である面接の対象者を分析焦点者と捉える。M-GTAでは，特定の個人に焦点を置かず，特定の条件を持つ者に焦点を置くことでデータを解釈していく。たとえば，大学病院の医療ソーシャルワーカーや特別養護老人ホームの新入居者といった研究上の対象者として設定する[4]。

　本章では，前述のように企業，団体，独立行政法人ならびに国際機関に附設する専門図書館に勤務している者のうち，実務ならびに部門の管理を通算10年以上行った経験をもつ専門図書館職員を分析焦点者として設定した。候補者は，図書館関係団体が発行する機関誌において，専門図書館職員自身のキャリアや担当職務に焦点を当てた記事の執筆者から選定した。具体的には，『情報管理』（科学技術振興機構発行，2018年3月から休刊）の「リレーエッセイ　インフォプロってなんだ？」，『専門図書館』（専図協発行）の「私の仕事，わたしの一日」，『情報の科学と技術』（情報科学技術協会（以下，INFOSTAという）発行）の「INFOSTA Forum」の執筆者である。さらに，これら機関誌の発行団体の役員ならびに事務局から分析焦点者の条件に合致する者を紹介してもらい，合計23人を候補者とした。このうち20人から聞き取り調査の協力が得られた。しかし，聞き取り調査の過程で1人が資料情報部門での勤務経験が10年に満たないことが判明したため，最終的に19人を分析焦点者とすることにした。表3-1では分析焦点者の属性を示した。勤務経験のある機関種は企業が12人と最も多く，平均勤務年数は約26年であった。性別では女性が84.2%であった。最終学歴は大卒者が52.6%で最も多く，大学院修了者と短大卒者がそれぞれ21.1%であった。大学等での専攻は図書館情報学が52.6%と最も多く，次いで人文社会科学系が21.1%であった。司書有資格者は78.9%であった。本章ではこうした特性をもつ分析焦点者に範囲を限定した上で検討を行う。

表3-1 分析焦点者の属性

No.	勤務経験のある機関種	聞取時期	勤務年数	性別	最終学歴	専攻	司書資格有無
A	企業	2013.8	28年	男	大卒	図情学	有
B	企業	2013.8	20年	女	院修了	文学	有
C	企業	2013.9	19年	女	大卒	教育学	無
D	独立行政法人	2013.9	32年	男	短卒	図情学	有
E	企業	2013.9	12年	女	大卒	化学	無
F	企業	2013.9	30年	女	大卒	文学	有
G	団体	2014.1	10年	女	大卒	法学	有
H	企業	2014.1	15年	女	大卒	図情学	有
I	企業,大学（特定主題分野）	2014.1	22年	女	大卒	図情学	有
J	団体	2014.1	38年	女	短卒	図情学	有
K	独立行政法人,国際機関	2014.1	28年	女	院修了	経営学	有
L	企業,独立行政法人	2014.2	28年	女	院修了	社会学	有
M	企業	2014.2	31年	女	高卒	普通科	無
N	企業	2014.3	26年	男	大卒	歴史学	有
O	団体,独立行政法人	2014.7	30年	女	大卒	図情学	有
P	団体	2014.7	26年	女	大卒	図情学	有
Q	国際	2014.8	26年	女	院修了	図情学	無
R	企業	2014.8	30年	女	短卒	図情学	有
S	企業	2014.8	42年	女	短卒	図情学	有

(注) 勤務年数は聞き取り調査時点のもの。司書資格は日本のもの。

分析テーマは，専門図書館職員がこれまで従事してきた職務の把握を通して，職務の各局面で必要となる知識・技術を構成する概念を抽出し，それらをもとに専門図書館職員のキャリア形成のプロセスと，概念とカテゴリー間の関係を明らかにすることである。

3.2.3 データの収集方法

データの収集は，分析焦点者に対し2013年8月から2014年8月にかけて，1人平均77分の半構造化インタビューによる聞き取り調査によって行った。

半構造化インタビューとは，対象者から自由な発言を引き出すため，質問事項をまとめたインタビュー・ガイドを用いる手法である[5]。分析焦点者に対し共通して以下の4点の内容を尋ねた。

① 大学等で専攻した分野と司書資格の有無
② 資料情報部門でこれまで担当した職務
③ 職務の遂行に必要と考える知識・技術
④ 知識・技術の修得方法

この4点をもとに分析焦点者ごとにインタビューを展開させていった。たとえば，入職後に担当した職務内容について，順を追って話してもらい（②に該当），職務ごとに，職務の遂行に必要と考える知識や技術は何かを話してもらった（③に該当）。さらに，そうした知識や技術をどのように修得してきたのかを話してもらった（④に該当）。

聞き取り調査にあたっては，分析焦点者の個人名や勤務先名が特定されないよう配慮することを事前に説明し，承諾を得たうえでICレコーダに聞き取り内容を録音した。後日，録音内容をすべて文字に起こし逐語録を作成し分析を行なった。

3.2.4　分析手順

M-GTAによる分析は，図3-1に示すように生データを解釈して概念を生成するオープン・コーディングと，概念同士を関係づけてカテゴリーとして収束化する選択的コーディングによって進められる。オープン・コーディングでは，まず，生データ1の中で着目した箇所をもとに概念1を構成し得る具体例を生成していく。さらに，他のデータ，たとえば生データ2にも類似例があるかどうかの確認を進める。そのため，生データと概念間に双方向の矢印が付されている。選択的コーディングでは，概念を基点にカテゴリーへと収束させていくため上向きの矢印が付されている。M-GTAでは分析の最小単位である概念を生成することによってコーディングを行なっていく。概念の生成には分析ワークシートを用いる。分析ワークシートは4項目（概念名，定義，ヴァリエーション，理論的メモ）からなり，1概念につき1ワー

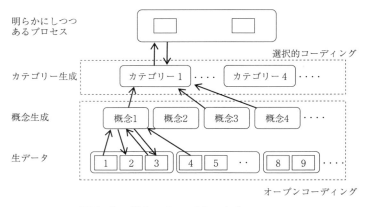

図 3-1　概念・カテゴリー生成のモデル

(出所) 木下康仁『グラウンデッド・セオリー・アプローチの実践：質的研究への誘い』弘文堂，2003，p.184 とp.214をもとに筆者作成

クシートを作成する。

　以下では，まず，表3-2の分析ワークシートをもとに概念生成の手順を示す。① 分析焦点者がこれまで従事してきた職務に必要となる知識・技術を構成する概念に着目しデータを読み込む。② 最初のデータとして，Gの発言「それを館長に提案して」の部分に着目し，一つの具体例としてヴァリエーション欄に記入する。その際，あとで確認できるようにアルファベットに置き換えた発言者名を末尾に記す。③ 並行して他の分析焦点者のデータを検討し，たとえば，JやLの発言にも類似例が出現する都度，ヴァリエーション欄に追記していく。具体例が少なく包括度が低い場合は他の概念との統合を検討するなどの修正を行なう。④ 同時に恣意的な解釈を防ぐため，たとえばJの発言から利用者へのPRの必要性といった対極例についても検討する必要がある場合には，理論的メモ欄に記入する。⑤ ヴァリエーション欄と理論的メモ欄をもとに「上司や親機関の意思決定者に対する説明・説得を通して職務を円滑に遂行すること」と解釈し定義欄に記入する。⑥ 定義を凝縮表現した「意思決定者へのアピール」を概念名欄に記入する。⑦ 個々のデータを検討しながら，適宜，定義と概念名を修正することでデータ

を精緻化していき，その必要がなくなり，理論的飽和に達した時点で概念の完成とする。他の概念の生成も同様に行なう。

表 3-2　分析ワークシート例

概念名	意思決定者へのアピール
定義	上司や親機関の意思決定者に対する説明・説得を通して職務を円滑に遂行すること。
ヴァリエーション（抜粋）	・来館者からいろいろなお話をいただきながら今できる予算のなかで，何ができるかということを自分なりに考えて，それを館長に提案してというかたちです。(G) ・利用者にPRしちゃ駄目なんだと思いました。お金をとるとか，何かをよくするために。役員にこそ，報告しなきゃいけないとはっと気がついたんです。それで，毎月図書館業務月報というのをつくって，入館者が減ったとか増えたとか，それの原因はなんだとか，レファレンスのこういうものが来たとか，具体的に全部書いたんです。(J) ・日本でやっているやり方だけで考えていると，すぐ行き詰まるので，もっと違うやり方，違う連携のしかたというのを，やっぱり（意思決定者に）提案して（いく必要がある）。それが機能するかどうかってわからないんですけども。(L)
理論的メモ（抜粋）	・上層部への提案を行なう際に利用者の声を尊重しサービスのヒントを得ている。 ・図書館をよくするためには，利用者からヒントを得て，役員への報告が必要であると考えている。利用者へのPRは必要ないのか。 ・上層部へ報告・提案をすることで，専門情報機関の運営への理解を引き出す努力につながっている。

次に，生成された概念をもとに，カテゴリーをつくり分析結果をまとめていく手順を示す。① 概念間の関係を一つずつ検討する。② その際，検討した結果をその都度，理論的メモ・ノートに記入する。③ 理論的メモ・ノートとそれぞれの分析ワークシートの理論的メモ欄の内容をもとに概念間を関係づけてカテゴリーを生成する。④ さらにカテゴリー間の関係と全体としての統合性を検討し分析結果をまとめていく。

3.3　分析結果

まず，結果図を用いることによって専門図書館職員のキャリア形成のプロ

セスを明らかにする。次に，専門図書館職員に必要となる知識・技術を構成する概念をもとに導き出したカテゴリーを説明する。

3.3.1 キャリア形成のプロセスの全体像

図3-2では，専門図書館職員のキャリア形成のプロセスと，キャリア形成のプロセスに影響を及ぼす要素を結果図として示した。専門図書館職員の知識・技術を構成する概念は＜　＞で，それら概念のまとまりであるカテゴリーは＜＜　＞＞で括り，ゴシック体で表した。

まず，専門図書館職員のキャリア形成のプロセスは五つのカテゴリーで形成された。専門図書館職員は専門図書館に入職する際，＜＜専門図書館職員のもつ図書館情報学の知識基盤＞＞として，〈知識を備えて入職〉と〈知識を備えず入職〉を包含した。入職後，専門図書館職員のキャリアは，＜＜間接サービスの基盤＞＞と＜＜直接サービスの基盤＞＞に従事することで形成された。

＜＜間接サービスの基盤＞＞は〈現物から得られた知識〉と〈整理業務のシステム化〉を包含した。＜＜直接サービスの基盤＞＞は〈データベースの活用〉と〈電子ジャーナルの安定的供給〉を包含した。これら二つのカテゴリーは専門図書館職員に並行して形成されるものと捉えられた。専門図書館職員は，これら二つのカテゴリーをもとに，＜＜情報サービスの付加価値化＞＞を図った。このカテゴリーは，〈利用者の新たな知見の導出を支援〉〈新たな図書館サービスの創出〉〈発信源からの情報提供〉そして〈文献利用環境の整備〉という四つの概念を包含した。実務の経験年数が増えるにつれて専門図書館職員は，＜＜自部門のマネジメント＞＞にも従事した。このカテゴリーは，〈意思決定者へのアピール〉〈企画力と調整力〉〈メンバーへの統率力〉そして〈仕事に対する心構え〉を包含した。

次に，専門図書館職員のキャリア形成のプロセスに影響を及ぼす要素は，二つのカテゴリーで形成された。専門図書館職員は，＜＜継続的な学びと修得＞＞を図ることによって，親機関の利用者に情報サービスを提供した。このカテゴリーは，〈親機関の事業概要の理解〉〈内部研修による修得〉〈専門家

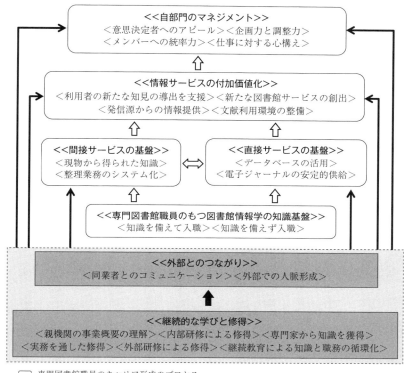

図 3-2　専門図書館職員のキャリア形成のプロセスの全体像

から知識を獲得〉〈実務を通した修得〉〈外部研修による修得〉そして〈継続教育による知識と職務の循環化〉という六つの概念を包含した。また，専門図書館職員による<<継続的な学びと修得>>は，自己完結によるものではなく，常に<<外部とのつながり>>によって高められた。このカテゴリーは，〈同業者とのコミュニケーション〉〈外部での人脈形成〉という二つの概念を包含した。

3.3　分析結果

3.3.2 キャリア形成のプロセスを構成するカテゴリー内の概念
3.3.2.1 キャリア形成のプロセス

　専門図書館職員のキャリア形成のプロセスは次の五つのカテゴリーで形成された。以下では各カテゴリーに内包される概念ごとに定義，代表的なヴァリエーションを述べていく。この方法は，「概念説明的記述」といい，M-GTA の分析結果を記述する際に有効であるとされている[6]。なお，ヴァリエーションは各概念を代表し得ると判断した顕著な 2 例を取り上げている。また，参考として概念ごとに生成されたヴァリエーション数と発言した分析焦点者数を記す。

(1) 専門図書館職員のもつ図書館情報学の知識基盤
a．〈知識を備えて入職〉
［ヴァリエーション数：18，発言者数：15］

　専門図書館職員の中には，専門図書館に入職するまえに図書館情報学を専攻するか，司書課程を履修することによって司書資格を取得するなどして図書館に関する〈知識を備えて入職〉する者もいた。

- ・大学で図書館情報学を専攻したので，卒業時に司書資格を取得しました。(O)
- ・A（図書館情報学の専攻科をもつ）大学でしたので，卒業と同時に司書資格，今はコースに分かれているみたいですけど，当時は全員取れるっていうことになっていました。(P)

b．〈知識を備えず入職〉
［ヴァリエーション数：12，発言者数：9］

　他方，専門図書館職員の中には勤務先の主題知識や事務部門の職務従事者に多く見られる人文・社会科学系の知識等を大学において修得し，採用後に資料情報部門に配属されるような〈知識を備えず入職〉する者もいた。

- ・専攻は教育学部で，初等教育教員養成課程の理科だったんですね。（中略）教員を目指して大学に入ったんですけれども，途中で志が変わりま

して，企業の研究所がいいなというふうに。(中略) 化学とか生物系の会社ということで探して，こちらに入りました。(C)
・大学は英文学部を卒業しました。その時点で司書資格はありませんでした。米国の大学でしたので，調べ方ですとか，ペーパーを書いたりするノウハウはある程度知っていました。司書資格は，採用当時，リクワイアメントではなく，司書資格を持っていれば望ましいということでした。(Q)

このように《専門図書館職員のもつ図書館情報学の知識基盤》には差が見られた。

(2) 間接サービスの基盤

a．〈現物から得られた知識〉
[ヴァリエーション数：18, 発言者数：13]

入職後もなく専門図書館での勤務経験が浅い段階では，各種資料の受入や組織化を通して〈現物から得られた知識〉をもとに職務を遂行した。

・雑誌を受け入れたとか，リポートを受け入れた，図書を受け入れた，そういった蓄積が，ああ，あの本にあんなことが書いてあったなっていうのは，だから実際に現物に触っているっていうのが一番の強みだったのかなと (中略)。ちらちら見ていただけでも頭の隅に残っていると，確かこんなのがあったなって，うっすらとでも覚えていて，あとで役に立つっていうことはけっこうありましたね。(D)
・コレクションがかなり理想を追い求めたようなものになっておりまして，その雑誌の担当，図書の担当のころに，コレクションの現物を手にとってそれらを見られたということが，後々とても役に立ったと思いますね。(S)

b．〈整理業務のシステム化〉
[ヴァリエーション数：25, 発言者数：12]

専門図書館職員が行っていた受入や組織化に関わる職務は，1980年代後半

から〈整理業務のシステム化〉が進められた。その際，専門図書館職員は，システム開発者とのリエゾン機能を果たすことが求められた。具体的には，図書館システムの仕組みを把握したうえで，自部門の仕様を決める知識などが挙げられる。

・図書館システムの導入にあたっては，リーダー的な役割を果たして図書担当者のしたい業務と実際にシステムでできる業務というのを擦り合わせて，どのように管理していくのかをまとめました。(F)

・図書館システムについては，どういう仕組みで検索できるのかとか，システムの機能に関する知識というのがまず必要ですね。(システムを)つくらなくても，仕様を話し合えるぐらいの知識は最低限必要だと思います。(I)

これらの概念は << 間接サービスの基盤 >> を形成するものとなった。

(3) 直接サービスの基盤

a．〈データベースの活用〉

［ヴァリエーション数：23，発言者数：11］

専門図書館における利用者サービスは，近年，電子化の影響を受けている。特に，科学技術分野を主題とする専門図書館においては，情報提供にあたり紙媒体の資料に代わって〈データベースの活用〉が進められた。また，専門図書館職員が講師となり，〈データベースの活用〉を促進するためのセミナーを開くところも見られた。

・検索には，やっぱりデータベースの知識が必要で，自社が使っているデータベースについては知らなければならないですし，新しいデータベースも出てきますので，その辺のトレンドをいつも見ておく必要があります。(C)

・社内でユーザー教育をしようということになって，MEDLINEの講習会を医薬事業部門に設定しました。(中略)Googleが出てきて1から2年目のときに，Googleはこうやって使うんだよっていう説明会もやりました。(S)

b. 〈電子ジャーナルの安定的供給〉

[ヴァリエーション数：20，発言者数：10]

　利用者に〈電子ジャーナルの安定的供給〉を行うためには，国内外のベンダーなどとの煩雑な交渉ならびに契約手続きをする必要があった。

- 契約全部は親会社が直でやっているので，われわれは，（電子ジャーナルやデータベースの）契約書をチェックしたり，値引き交渉とか，今度はこっちのデータベースを契約したほうがいいとか，全体（の調整）はうちが主導でやっています。(M)
- 海外のパブリッシャーとの契約を含めた交渉と，契約書を含めてきちっと理解できるかとか，そういう知識が求められます。(N)

これらの概念は ≪直接サービスの基盤≫ を形成するものとなった。

(4) 情報サービスの付加価値化

a．〈利用者の新たな知見の導出を支援〉

[ヴァリエーション数：11，発言者数：11]

　専門図書館職員は，≪間接サービスの基盤≫ と ≪直接サービスの基盤≫ をもとに，利用者に有用な情報サービスを提供するため，所蔵する資料や情報に分析・加工を施すことで，〈利用者の新たな知見の導出を支援〉した。

- 生データのままで出しても，「それで？」っていわれるんですよね。（中略）いろいろ試行錯誤はしたんです。特許解析ソフトを入れてみたり，テキストマイニングもやってみたり，情報の加工のやり方には，いろいろ考えてみました。(H)
- 貸借対照表を含めた有価証券報告書とか検索ができるようなデータベースの契約をうちの部署がやっているんで，自社と他社のデータを比較したり，役員向けの経営資料を作成したりします。報告は経営企画部門と一緒にやっていて，事実分析をやって（意思決定に役立つように）役員に上げています。(N)

b．〈新たな図書館サービスの創出〉

［ヴァリエーション数：15，発言者数：10］

　また，専門図書館職員は，ウェブサイトやソーシャル・ネットワーク・サービスといった情報通信技術を活用することの必要性を認識し，〈新たな図書館サービスの創出〉にも取り組んだ。

- プログラムを書けっていうんじゃなくて，触って，それを図書館員としてどう活用できるかっていうスキルをまず学ばないと，これからの図書館員は置いていかれちゃうなっていう気はしますよね。(D)
- 主題分野の（古い）映像をVHSからDVDに変換して，なおかつ，それをHDDで保存しています。利用者にとっては，すごい貴重な資料なので，それは半永久的に見やすいように，即時それを検索できるようなかたちにしました。(G)

c．〈発信源からの情報提供〉

［ヴァリエーション数：14，発言者数：10］

　専門図書館職員は情報サービスにあたり速報性を重視するため，極力，発信源からの情報にアクセスしてそれらを理解し，利用者に提供することが求められていた。そのため，外国語で書かれた資料や情報を理解することで〈発信源からの情報提供〉に努めた。

- レファレンス業務では，いつもグローバルなものが多いので，探しに行く情報源も，日本のものでは全然間に合わないんです。インターネット上のどこにどんな情報があるかとか，あと特に英語ですよね。英語がわからないと，ネットがうまく使えない。(B)
- 雑誌記事索引については，やっぱり語学力がないとその論文にどういうことが書いてあるかって読めない。（中略）内容をすぐに短い時間で読んで把握する必要があるからです。(L)

d．〈文献利用環境の整備〉

［ヴァリエーション数：22，発言者数：12］

企業の情報センターなど著作権法第31条の適用外の機関では，特にコンプライアンスに基づき複写サービスを提供する必要があった。そのため，〈文献利用環境の整備〉にも取り組んだ。
　具体的には，利用者が文献複写サービスを受ける際に必要となる情報を収集し，問い合わせに応じられる体制を整備した。

- 業界団体の中で著作権問題を解決していくという組織がありまして，私が親機関の代表で入っているので，著作権の問題が全部ここに来ます。（中略）会社の窓口になっているんです。(E)
- ユーザー自身が文献の利用方法を調査できるようにホームページ上に，著作権のコーナーをつくって著作物の利用がどういうところまでできるのかといった情報も案内しています。(F)

　これらの四つの概念は専門図書館職員が提供する《情報サービスの付加価値化》を形成していた。

(5) 自部門のマネジメント
a．〈意思決定者へのアピール〉
［ヴァリエーション数：10，発言者数：10］
　本章で対象とした機関種の専門図書館は，概してサービス対象者が組織内に存在していることが多い。そのため，専門図書館を統括する管理職や役員といった組織内の〈意思決定者へのアピール〉を行い，専門図書館の存在価値を認識させ，さらに理解を引き出す必要があった。

- パソコンを買い替えるとか結構お金がかかるので，予算のネゴシエーションもしなきゃいけない。予算を減らされないように（事業活動を）アピールするとか。説明会みたいなものを親機関に対してやることもあります。(B)
- 社長がいろんな会合に出ていくたびに，そのメンバーの最近の言動なり，プロフィールなりを調べるというのは日常茶飯事でした。（中略）（それを行なっていたので）ずいぶん予算も減らされずにすみました。やっぱり鶴の一声がありますので，そのために役に立っているっていうと，な

かなか（予算を）削りにくいですから。（S）

b．〈企画力と調整力〉
[ヴァリエーション数：15，発言者数：11]
　また，専門図書館の担当者は少人数であることが多いため，組織の運営と利用者へのサービスに関わる職務を並行して円滑に進める必要があった。そのため，内外の多様な利害関係者と交渉を行なうための〈企画力と調整力〉が求められた。
　・管理職というと人を管理することだと思っている人が多いんですよね。ところが，管理職って企画しなきゃいけないんです。やっぱり，組織を見ていろいろな部門のことも考えながら仕事をします。（J）
　・国内外にある資料情報部門のネットワーク調整をしています。たとえば，図書館会議を開催したり，講演会を催したり，見学会を設定したりとかすべて企画します。（O）

c．〈メンバーへの統率力〉
[ヴァリエーション数：11，発言者数：8]
　専門図書館職員は限られた人材を有効に活用するため，部下や非正規職員らに対して助言や指示を行い，さらにモチベーションを高めることによって〈メンバーへの統率力〉を発揮していた。
　・マネジメントに加えてリーダーシップというか。マネジメントはある程度，権限委譲，肝心なところだけ押さえるようにして（中略）必要なところは突っ込むし，必要なところはアドバイスしています。（A）
　・上司として先輩として後輩たちが面白がって（仕事を）やる人がいたら，そこを伸ばして仕事に対するモチベーションを上げるためにはどうするかっていうことを常に考えてやってきました。（R）

d．〈仕事に対する心構え〉
[ヴァリエーション数：16，発言者数：11]

専門図書館は，親機関の事業目標の達成を支援することを使命としているため，適宜〈仕事に対する心構え〉を明確にした上で職務を遂行することが求められた。この概念は，親機関からの要請に対応したミッションをいかに立案するかという課題とも密接に結びついているとも言える。

- （上司から）図書館員になったと思うな，就職した親機関の職員になったと思え，といわれたんです。（中略）それからずっと，親機関の職員として，何をすべきかということを考えて来たんです。(J)
- 求められるのはやはり資料室の職員であっても，もっとプログラムとか，イベントをやるようにというような，政策的な変化といいますか，そういうのが出てきました。ライブラリアンだからこそできるプログラムということを今は打ち立てておりまして，たとえば，一般の方を対象にしたデータベースのトレーニングや統計のウェブサイトを紹介して皆さんにお見せしたりだとか，レファレンスの要素というんですか，図書館員だからできるという部分を加味したプログラム企画づくりを意識しています。(Q)

　四つの概念は，専門図書館職員が情報サービス活動を円滑に進めるために行なうべき《自部門のマネジメント》を構成していた。

　以上，五つのカテゴリーは，専門図書館職員に必要となる知識・技術を構成する概念として，入職直後から職務経験を重ね，専門図書館の責任者として部下や非正規職員などを指揮する立場になっていくに従って，段階的に形成されるものと捉えることができた。そのため，これらのカテゴリーは，専門図書館職員のキャリア形成のプロセスを示すものと考えられる。

　なお，《間接サービスの基盤》と《直接サービスの基盤》については，段階的に形成されるものと捉えるよりも，並行して形成されるものと捉えられた。たとえば，親機関に関連する〈データベースの活用〉を行うには，基礎的な知識のほかに親機関と関連する特許情報を〈現物から得られた知識〉として持っていることが求められた。

- データベースと特許法と技術分野の基礎知識がやっぱり必要になってきますよね。最低限の用語はやっぱり知っていないといけないですし（中

略）技術分野の基礎知識っていう意味で，いろんなところの特許は読んでいる必要があると思いますね。(C)

3.3.2.2 キャリア形成のプロセスに影響を及ぼす要素
　専門図書館職員はキャリア形成の過程で次の二つのカテゴリーに影響を受けていた。
(1)　継続的な学びと修得
a．〈親機関の事業概要の理解〉
［ヴァリエーション数：14，発言者数：10］
　専門図書館職員は，親機関の事業内容や関連する主題知識を修得するため，〈親機関の事業概要の理解〉に努めた。専門図書館職員は，職務の遂行にあたり広い視野に立って物事を考えることが求められていた。
- ・勤務する事業所では，何のテーマをやっているのかということを，積極的に自分から調べました。事業を中止するという話を耳にするとその事業に関する資料を来年買うのはやめようとしました。(E)
- ・ただ図書館のことがわかればいいということではなくて，やっぱり，組織の動きとか組織がどういうふうに成り立っているのかとか，それを押さえるのは極めて大切なことだと思います。(K)

b．〈内部研修による修得〉
［ヴァリエーション数：12，発言者数：10］
　専門図書館職員は〈親機関の事業概要の理解〉を図るための具体的な方法として，内部の関係者を対象に親機関が行なう研修会やセミナー，勉強会などに参加することによって〈内部研修による修得〉を行なっていた。
- ・親機関の専門知識を持っている人たちへのレファレンスに対応するためには，親機関が扱う主題知識を持っていないと駄目なので（中略）親機関の技術系社員の研修に参加して2カ月缶詰めになるんです。（中略）一緒に研修した仲間は将来お客さんなんですね。(H)
- ・社内研修みたいなかたちで1カ月のあいだで週1ぐらい各工場で研修を

させてもらいました。実際，工場に行って，その流れを全部見せていただくというものです。(I)

c．〈専門家から知識を獲得〉
[ヴァリエーション数：13，発言者数：11]
　また，専門図書館職員は，親機関に関連する主題分野の学会へ参加し，研究者や技術者といった〈専門家から知識を獲得〉することに努めた。その際，専門図書館職員の着眼点は，研究者や技術者が扱うデータや情報にあり，それらを把握することでレファレンスなどの職務に活かそうとした。
・専門的な知識は図書館の研修会よりも専門主題の学会の研究会に積極的に参加して先生方や現場の方たちの話を聞いて，それを図書館に活かせるように心がけています。あと，情報の収集ですね。それらで得た知識や今のトレンドみたいなものもレファレンスや（資料・情報の）収集などに役立てています。(G)
・ポスターセッションとかありますよね。ああいうところに行って，勤務先の研究員がどういうような視点でポスターをつくっているのかとか，まとめ方とか，どういったデータを用いて（ポスターを）つくっているのかを見ます。(H)

d．〈実務を通した修得〉
[ヴァリエーション数：14，発言者数：13]
　専門図書館職員は，親機関の中で他の職務に従事する者と同様に，日頃の〈実務を通した修得〉によって職務を遂行した。
・レファレンス担当部署で，毎日，毎日レファレンスを受けるわけです。これは，かなりOn-the-Job-Trainingになったと思うんです。勤務する図書館でどういうものを所蔵していて，レファレンスツールとしてどういうものが役立つかということがわかりました。主題知識的なものを涵養できましたし，それで足らない部分は自分で経験値を上げながらいろいろ学びました。(L)

・検索依頼が来て勉強するんです。代行検索をやりながら，この技術はこうなんだけどみたいなことを教えてもらうじゃないですか，それもありますよね。（中略）やりとりのなかで吸収します。（M）

e．〈外部研修による修得〉
［ヴァリエーション数：21，発言者数：14］
　ベンダーが提供するデータベースの操作方法や自館の主題分野以外の幅広いテーマに関する知識などは〈外部研修による修得〉が図られた。
・代行検索を行うためにデータベースの提供機関で行っている社外の講習会に参加しました。（F）
・東南アジアのことを知るためには，地域研究を行なう独立行政法人のセミナー，エネルギー問題だったらエネルギーを研究する一般財団法人のセミナーなどに参加して聞きます。（R）

f．〈継続教育による知識と職務の循環化〉
［ヴァリエーション数：15，発言者数：9］
　大学等の養成機関において修得した知識は，情報通信技術の進展に伴い，資料・情報の個別の処理方法や管理媒体が変化しているため，今日に至るまで職務に役立つとは限らない。そのうちのいくつかは，時間の経過とともに陳腐化し役立たなくなるものも出てくる。さらに，職務経験が長くなるに従って，新たな知識や技術も求められてくる。そこで，eラーニングや親機関の人材育成制度を活用し，大学院に入学することで職務に役立つ知識・技術の修得に努めた。
　他方，資料・情報の収集から提供に至る全体の流れや各職務を処理する規則など大きく変わらない職務もある。このように，専門図書館職員は，〈継続教育による知識と職務の循環化〉を図っていた。
・昔の図書館学ですと，目録だとか分類だとか，いわゆる資料があっての図書館でした。ところが，今は資料がなくても図書館として成り立ちます。そうした状況から，ナレッジマネジメントが重要になると考え，（e

ラーニングの）修士課程で勉強しました。(K)
- 著作権は大学のときの授業で単位を取得しているので，そこで概要は把握しています。(中略) 目録カードの書き方とかも，大学の知識が役立っていると思います。担当業務じゃなかったとしても，なんとなく何をするか流れはわかっているので，そういう意味では，前任者の記録などを見れば見当もつきます。(I)

これらの六つの概念は，専門図書館職員の《継続的な学びと修得》を形成した。

(2) 外部とのつながり
a．〈同業者とのコミュニケーション〉
[ヴァリエーション数：18，発言者数：12]

専門図書館職員は，人的ネットワークを形成し交流を深めることで〈同業者とのコミュニケーション〉を重視した。このネットワークを活用して日常業務の問題解決を図り，新たな知見を得るなど情報交換を行なった。
- 主題分野の学会の図書館委員会にも参加して連携をとっています。特に，こちらは，ワンパーソンなので，業務の現状がわからないんですよね。日々の業務を（同業者が）今どうやっているかという，図書館の問題はこういった委員会でお話をさせていただいて，それは自分でとても勉強になっています。(G)
- 専門は違うんですけれども，いろいろネットワークづくりですよね。人脈というのは，かなり役に立ってきたというのはあります。分野は違うけれども，実際に新しい取り組みをしている例についていろいろ知見を得ることはできています。(L)

b．〈外部での人脈形成〉
[ヴァリエーション数：12，発言者数：9]

専門図書館職員は〈同業者とのコミュニケーション〉を図るために，図書館関係団体の各種委員を務めることで〈外部での人脈形成〉に努め，日ごろ

の職務に役立てていた。

・主題分野の図書館関係団体が発行する雑誌の編集委員をやっていまして，それもむちゃくちゃ勉強になったんですよ。編集に携わると，「今どういうことが動向になってて，何を企画しましょうか」っていう話をして，「こういう情報が入るけど，これに関しては誰に書いてもらいますか」ということになり，その人（著者）とやりとりし論文を読んだりして，若い人の論文を査読すると勉強になります。（A）

・図書館関係団体で灰色文献の収集に関する会合に参加して，どうやって集めていくかみたいな（中略）官公庁に行ってとってくるっていう話とか，そこで結構人と知り合っていくと今も結構つながっていて，いろんなことに役に立ってはいますよね。（P）

これらの二つの概念は，専門図書館職員のための《外部とのつながり》を形成していた。

3.4 本章のまとめと考察

3.4.1 専門図書館職員のキャリア形成に必要となる条件

本章では，専門図書館職員がこれまで従事してきた職務内容の把握を通して，どのようにしてキャリアを積み重ねてきたのかを明らかにし，それを踏まえて今後のキャリア形成に必要となる条件を明らかにすることを第一の目的とした。そのために，M-GTAを用いて専門図書館職員が従事する職務の各局面で必要となる知識・技術を構成する概念を抽出し，それらをもとに専門図書館職員のキャリア形成のプロセスと，キャリア形成のプロセスに影響を及ぼす要素，ならびにカテゴリー間の関係を明らかにした。

以下にその結果を示す。まず，専門図書館職員のキャリア形成のプロセスは，五つのカテゴリーで形成されていた。具体的には，《専門図書館職員のもつ図書館情報学の知識基盤》，《間接サービスの基盤》，《直接サービスの基盤》，《情報サービスの付加価値化》，そして《自部門のマネジメント》である。さらに，キャリア形成のプロセスに影響を及ぼす要素

は，二つのカテゴリーで形成されていた。具体的には，<<継続的な学びと修得>>と<<外部とのつながり>>である。これらのカテゴリーは，本章の第一の目的とした今後の専門図書館職員のキャリア形成に必要となる条件になると考えられる。これらのカテゴリーが専門図書館の職務に関わる知識・技術に効果的に作用することによって，専門図書館職員のキャリア形成のプロセスが有効に機能すると考えられる。

3.4.2 キャリア形成の方向

3.3では概念とカテゴリーを一つひとつ説明していくことによって，専門図書館職員のキャリア形成のプロセスと，キャリア形成のプロセスに影響を及ぼす要素を明らかにした。ここでは，分析結果のうち，特に分析焦点者とした専門図書館職員の認識ならびに他者との相互作用といった現象面に比重を置くことによって，図3-3に示したカテゴリー間の関係をもとに専門図書館職員のキャリア形成の方向性を検討する。

まず，<<継続的な学びと修得>>から<<間接サービスの基盤>>と<<直接サービスの基盤>>を経て，<<情報サービスの付加価値化>>から<<自部門のマネジメント>>に至る関係が挙げられる。たとえば，組織の動向も含めた<親機関の事業概要の理解>，ならびに日常的にレファレンスに対応し，所蔵する資料・情報に触れることで<実務を通した修得>が図られ<<継続的な学びと修得>>を進めることが可能となる。それによって，たとえば，図書や雑誌といった<現物から得られた知識>を修得でき，操作や検索方法をも含めた自部門が扱う<データベースの活用>が促進されることで<<間接サービスの基盤>>と<<直接サービスの基盤>>の整備へとつながる。そうした蓄積をもとに，たとえば，親機関の意思決定に役立つ役員向けの経営資料などの作成にあたり，所蔵する資料や情報に加工・分析を施すことで<利用者の新たな知見の導出を支援>することとなり<<情報サービスの付加価値化>>が実現する。また，専門図書館は，所蔵する資料・情報の提供を通して親機関の事業目標の達成を支援することを使命としている。そのため，たとえば，親機関からの要請に応じた使命を果たせよう<仕事に対する心

構え＞をもち，さらに，＜メンバーへの統率力＞を高めることで≪自部門のマネジメント≫を進めていくことになる。以上の方向は，サービス活動を基盤としたキャリアを形成していると捉えられる。

　次に，≪継続的な学びと修得≫から≪外部とのつながり≫を経て≪自部門のマネジメント≫に至る関係が挙げられる。たとえば，データベースの操作方法について課題を抱えている者が＜外部研修による修得＞を行う過程で，同じ課題を抱える同業者と知り合いとなり，以降，相互に助け合いながら≪継続的な学びと修得≫を進めることが可能となる。こうした状況は，人的ネットワークの形成へとつながり＜同業者との人的コミュニケーション＞が促進されることで≪外部とのつながり≫が図られていく。また，このカテゴリーは，図書館関係団体の各種委員会における＜外部での人脈形成＞によっても深められていく。≪外部とのつながり≫から得られた情報や人脈は，専門図書館の責任者など＜意思決定者へのアピール＞や，自部門の内外で＜企画力と調整力＞を発揮する際にも役立つ。そのため，≪自部門のマネジメント≫を構成する重要な概念となる。以上の方向は，自部門の内外の関係者とのコミュニケーション・ネットワーク構築を基盤としたキャリアを形成していると捉えられる。

　このように，サービス活動と自部門の内外の関係者とのコミュニケーション・ネットワーク構築という二つの方向から，専門図書館職員のキャリア形成を捉えることができる。また，図3-2で示したように，専門図書館職員のキャリア形成のプロセスに影響を及ぼす要素の一つとして，≪継続的な学びと修得≫を見出すことができた。このカテゴリーは，専門図書館職員のキャリア形成のプロセスを検討するにあたり起点となることから，コアカテゴリーであると捉えることができる。

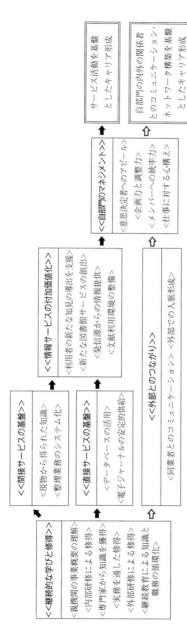

図 3-3　専門図書館職員のキャリア形成の二つの方向

3.4　本章のまとめと考察

注・引用文献
1) 木下康仁『グラウンデッド・セオリー・アプローチの実践：質的研究への誘い』弘文堂，2003，257p.
2) 前掲1), p.154-159.
3) 前掲1), p.25-30.
4) 前掲1), p.138-139.
5) Flick, Uwe（小田博志ほか訳）『質的研究入門：「人間の科学」のための方法論 新版』春秋社，2011，670p，参照はp.180-214.
6) 前掲1), p.240-243.

＊本章は，青柳英治「職務経歴から捉えた専門図書館職員のキャリア形成のプロセス：知識・技術を構成する概念をもとに」『日本図書館情報学会誌』Vol.61, No.3, 2015, p.152-167.を加筆・修正したものである。

第4章 専門図書館職員の
プロフェッション性

4.1 本章の目的と方法

　本章では，研究課題3「専門図書館職員はプロフェッション性を満たし得るのか」を明らかにする。そのために次の2点を目的とする。第一に，専門図書館職員の中でも，特に企業内専門図書館の職員を対象とし，プロフェッション性を検討すること，第二に，その結果をもとに他の機関種をも含めた専門図書館職員のプロフェッション性を高めるための方策を提示することである。

　専門図書館職員のプロフェッション性を検討するにあたり，企業内専門図書館を対象とする理由は次の2点である。第一に，扱う資料・情報の主題と設置主体ならびにサービス対象者が明確であり，プロフェッション性を発揮しやすい状況にあるためである。第二に，専門図書館の特徴である「組織内図書館」の典型であり，プロフェッション性の検討にあたりビジネスの世界における組織内プロフェッションの研究成果を援用できるためである。

　前述した2点の目的を検討するため，本章では文献調査により検討を進める。まず，プロフェッションの歴史と定義，特色を明らかにする。次に，プロフェッション化の過程をもとに図書館司書のプロフェッション性を確認する。その上で，第一の目的を検討するため，組織内プロフェッションの定義と条件を提示し，企業内専門図書館の職員を組織内プロフェッションと見なし得るかを検討する。さらに，考察において第二の目的である専門図書館職員のプロフェッション性を高めるための方策を提示する。

4.2　プロフェッションに関する先行研究からの示唆

1.3.2では，社会学の分野における専門職論に関する先行研究を取り上げ，専門職がステイタス・プロフェッションからオキュペーショナル・プロフェッションへと遷移したことを確認できた。図書館司書はこれまでオキュペーショナル・プロフェッションの一部を構成するものとして，そのプロフェッション性が検討された。しかしながら，先行研究から図書館司書がプロフェッションであるという見解を導出するまでには至らなかった。

他方，企業のような非専門職組織で専門的職務に従事する者を組織内プロフェッションと捉え，伝統的プロフェッションに求められる専門性とのあいだに違いがあることを確認できた。組織内プロフェッションは，職務領域を広げることによって専門性を高めることができる。この観点に立つと企業内専門図書館の職員も組織内プロフェッションの一つとなり得る可能性が考えられる。本章ではこの点に着目することで検討を進めていく。

4.3　プロフェッションとは

まず，プロフェッションの歴史と定義を述べた上で，次に，プロフェッションの類似概念とそれらの違いを明らかにし，その特色を三つの側面と二つの系譜から述べる。最後に，プロフェッション化の過程を提示し，それを日本の公立図書館の図書館司書に適用することによって，プロフェッション性を確認する。

4.3.1　歴史と定義

プロフェッションは，12から13世紀ごろのヨーロッパにおいて大学とともに出現した。初期のプロフェッションは，教会の強い影響のもと大学の中で育成された。当時のヨーロッパの大学組織は，一般に神学，法学，医学の三つの学部からなっていた。これらの課程の修了者は，専門家として聖職者，

弁護士，医師となり，社会の知識階層に属した。また，中世初期においては，大学人自身が少なくとも修道士以上の地位を得る必要があったため，弁護士や医師を含む教育を受けた者のすべてが聖職者であった。一般に初期のプロフェッションが聖職者であるのはこうした歴史的経緯が影響していた[1]。

しかしながら，中世文化がしだいに宗教から解き放たれるにつれて状況は変化していった。たとえば，イギリスでは王立の医師養成カレッジが創設され医学の世俗化がはじまった。さらに，大学自体の中でも世俗化が進行し，16世紀以降，学生は聖職者になることが必要条件でなくなり，プロフェッションは教会との結びつきを必要としなくなっていった[2]。

1.3.2.1において，エリオットが中世初期の高い階層を重視したステイタス・プロフェッションから，産業化以降の高度な専門性を重視したオキュペーショナル・プロフェッションへの概念変化を指摘したことに触れた。しかしながら，エリオットによると，オキュペーショナル・プロフェッションの要件には，専門知識の修得のほかに高い階層に属する者としての紳士的態度といったステイタス・プロフェッションとしての心的特性を残しているという[3]。その影響から，一般に人々が専門職に対して愛他的，福祉的な立場で仕事に従事する態度を求めたり，権威を求めたりすることにつながっているとされている。このようにヨーロッパのプロフェッションには，キリスト教の神への献身であるBerufという概念が背景にあるため，プロフェッションに求められる職業倫理や社会的地位はこの文化から起こったとされている。しかしながら，日本のプロフェッションには，このような文化は取り入れられず，弁護士制度に代表されるように政府の国策としてその概念が輸入され，選ばれた職業だけに威信が与えられることになった[4]。

プロフェッションの概念は，これまで研究者によって多様な定義が試みられてきたが，一義的に表すことは難しい。このことは，言葉の定義がいかに困難な作業であるかを示すと同時に，プロフェッションの領域においてさまざまな問題が理論的，実践的にも提起されてきたという問題の複雑さを示すものでもある。

こうした中で，竹内洋はこれまで提起されたプロフェッションの諸定義を

整理し，比較検討を行った。竹内はプロフェッションの概念を整理する中で，新たにグロス（Edward Gross）による定義を付加したが，この定義は現代のプロフェッションに比較的近いものとされている。すなわち，①理論的知識に基づく技術，②組織化（プロフェッションとして組織化された集団が存在するという意），③不可欠な公共サービス，④同業者への忠誠（近くの仕事仲間よりも遠くの同業者との関係を重視するという意），⑤標準化されない仕事である。また，竹内は伝統的プロフェッションを彷彿とさせる愛他性はプロフェッションの基本要件ではないとした[5]。

4.3.2 類似概念

まず，「プロフェッション」には，専門職業人という意味とアマチュアの対語として有償の仕事に従事する人という二つの意味がある[6]。本章では前者の意味でプロフェッションを用いる。

次に，「スペシャリスト」とは，一般に一つの対象または一つの部門に自己の活動を限定している人のことをいう。ジェネラリストの対語と捉えられ職業人を示す語ではない。たとえば，医師はプロフェッションであるが，内科医や外科医は，医師という職業の中でのスペシャリスト（専門医）であるという使い方ができる[7]。

最後に，「エキスパート」とは，アマチュアとの対語として捉えられ，熟練者という意味をもち知識・技術の修得レベルの違いを表す語である。たとえば，心臓手術のエキスパートである〇〇医師という使い方ができる。エキスパートも職業人を示す語ではない[8]。

以上のことから，これらの語は類似すると考えられる傾向にあるが，混同するものではないと言える。

4.3.3 特色

プロフェッションの特色は技術，経済，社会の三つの側面から捉えることができる[9]。

まず，技術的側面とはプロフェッションの活動（仕事）を技術的内容の面

から捉えようとするものである。プロフェッションの活動の基礎をなす技術には，科学や高度の学識に支えられ，一定の一般理論が存在する。プロフェッションは一定の特殊な教育・訓練（プロフェッション教育）を受け，国家や社会から能力を保持すると認定された者のみ当該領域において活動することが許される。一般にプロフェッションには，こうした資格認定制度（ライセンス制度）があり，ライセンスを得た者には排他的に当該活動をなし得る特権が与えられる。近年，プロフェッションに求められる能力の水準は大学院レベルに引き上げられる傾向にある[10]。

次に，経済的側面とは報酬を払ってプロフェッションの活動の恩恵に浴する依頼人の面から捉えようとするものである。プロフェッションの活動は，社会のすべての人に開放され誰でもがその提供するサービスを享受することができ，特定の依頼人の具体的な要求に対して，一対一の個別契約に基づいて行なわれる。たとえば，公共一般に開かれた医師[11]のサービスが挙げられる[12]。

最後に，社会的側面とはプロフェッションとしての活動を行なう個人や集団に対して，社会が与える地位や評価ならびに威信，それに対する個人や集団の反応の面から捉えようとするものである。プロフェッションは，一つの集団として社会で活動することによって社会的地位を得ることができる。プロフェッションの職業集団には，① 社会的承認を獲得するための政治的団体であること，② 技能の教育・訓練と維持・向上のための基本的な責任を負う団体であること，③ 成員の行動を規制し非行に懲戒を加える自己規制の団体であることの3要素が必要とされている[13]。

また，プロフェッションは歴史的に二つの系譜をたどることができる。一つは4.3.1で述べたステイタス・プロフェッションと位置づけられる聖職者，弁護士，医師であり，3大知的プロフェッションといわれるものである。聖職者は悩める魂の救済，弁護士は人間の紛争の処理解決，医師は肉体の疾病の治療といった，いずれも人や社会の消極面の治癒や回復を目的としているため，マイナスのプロフェッションとも捉えられる。もう一つは4.3.1で述べたオキュペーショナル・プロフェッションと位置づけられる建築士や会計

士など，近代以降の技術の発展と科学の進歩によって新たに台頭したものである。これらのプロフェッションは，積極的機能をもって社会の生産活動や創造活動の一翼を担っているため，プラスのプロフェッションと捉えられる[14]。

4.3.4 プロフェッション化の過程

一般にプロフェッション化の過程は，指導者や理論家といった関係者らによる息の長い不断の努力によって達成される。

キャプロウ（Theodore Caplow）は，ジャーナリストや研究機関の技術者など新たに誕生した職種が非プロフェッションからプロフェッションとなるに至る四つのプロセスを提示している。第一の段階は専門職団体の設立である。この段階は成員の資格を限定して無資格者を排除することを意図している。第二の段階は名称の変更である。この段階は，当該職種がこれまで置かれてきた状況を脱し，職域の独占を図ることを意図している。第三の段階は倫理綱領の制定と普及である。この段階は，当該職種の社会的価値を対外的に示し，無資格者の排除を進めて内部統制を図ることを意図している。第四の段階は政治的運動の促進である。この段階は，プロフェッションとなるために政府の支援を獲得することを目標とし，試験制の採用，無資格活動の法的禁止などを進めることを意図している[15]。

キャプロウの提示した四つのプロセスは必ずしも当該職種がこの順序でプロフェッション化することを意味していない。各プロセスが問題として提起され解決されていく過程でプロフェッションの道を進むと解される。さらに，当該職種がプロフェッションとしての確固たる地位を得るには，自立性と当該職種に対する社会一般の信頼を確立することが必要となる[16]。

4.3.5 図書館司書のプロフェッション性

図書館司書のプロフェッション性については，1.3.2.3で述べたウィンターの指摘に見られるようにセミ・プロフェッションとしての認識が得られた。また，ウィレンスキー（Harold L.Wilensky）も教師や看護師などと同様に，

図書館司書は専門職と非専門職のあいだの境界線上に位置するとの考えを示した[17]。

ここでは4.3.4で述べたキャプロウによるプロフェッション化に至るプロセスのモデルをもとに、いま一度、日本の公立図書館における図書館司書のプロフェッション性を確認する。その際、図書館司書と同様にオキュペーショナル・プロフェッションの一つと捉えられる栄養士を比較対象として取り上げる。その理由は、栄養士のプロフェッション化への軌跡がここで参照軸とするキャプロウのモデルに合致する部分が多いと考えられるからである。また、栄養士資格が国家資格として一旦作り上げられたあと、新たに上級資格として管理栄養士が作られたことが図書館司書のプロフェッション化を検討する際に参考になるとも考えられるからである。表4-1ではキャプロウのモデルにもとづき、図書館司書と栄養士のプロフェッション性を比較した。

表4-1 キャプロウのモデルにもとづく図書館司書と栄養士の
プロフェッション性の比較

	図書館司書	栄養士
専門職団体	日本図書館協会（日図協）	日本栄養士会
名称の変更	認定司書	管理栄養士
倫理綱領	図書館員の倫理綱領	管理栄養士・栄養士倫理綱領
政治的運動	－	日本栄養士連盟

(出所) 筆者作成

第一の専門職団体の設立については日図協の存在が挙げられる。しかし、日図協はすべての館種を代表するナショナルセンターとして、専門職団体や職能団体が行なうべき理論的分析、関係情報・知識の提供、ならびに現実的・実践的な政策提言などを十分に行なっているとは言えない。また、日図協はこれまで政府に対する反対運動や要求運動を行なう労働組合的ないし運動団体的な位置づけがなされてきた[18]。日図協には三種（正会員、準会員、賛助会員）の会員区分がある。正会員は、さらに、①個人会員と②施設等会員に区分される。①は図書館、出版、情報関係の従事者、その他図書館に関心のある者が対象となり、②は図書館および情報センター等の施設が対象と

なる(1)施設会員と，市民団体や地域図書館団体などが対象となる(2)団体会員に細分される。準会員は大学生等を対象とした個人，賛助会員は日図協の活動を賛助する個人，企業，団体等が対象となる。いずれの会員区分も入会希望者は司書有資格の図書館員に限定していない[19]。そのため，日図協は図書館という施設の組織体なのか，図書館司書の団体なのか，その方向性も不明確であるため社会的な影響力は乏しい状況にある[20]。

他方，栄養士については，1945年に日本栄養士会の前身にあたる大日本栄養士会が設立され，職能団体として栄養士，管理栄養士の専門性確立の中心的な役割を担っている[21]。

第二の名称の変更については日図協が実施する「認定司書」制度があげられる。同制度は，1996年に生涯学習審議会社会教育分科審議会（当時）から出された報告書を発端として，1998年から2008年（中断期間を含む）にかけて日図協の検討チームでの検討を経て2010年から開始された。同制度の目的は，図書館司書の専門性向上に不可欠となる知識・技能の修得者を日図協が評価のうえ公的に認定するものである[22]。同制度は，従来の司書よりも高度で実践的な専門性をもつ司書を日図協が「認定司書」として認定するものである。「認定司書」制度は民間資格であるため，司書資格の付与に関わる諸制度は変更されていない。しかし，「認定司書」の設立は，図書館司書を公共図書館経営の中核を担う高度な専門性をもつ者と捉えることができるため，名称の変更に類すると考えられる。

栄養士制度についても，有資格者のもつ専門的知識・技能が不十分であったこと，職業意識が希薄で栄養士として就職する者が少なかったことが問題視され，1962年に栄養士法を改正することによって上級資格である管理栄養士が創設された[23]。

第三の倫理綱領の制定と普及については，日図協は1980年の総会で「図書館員の倫理綱領」を採択した。しかし，この倫理綱領は，対象範囲を「すべての図書館員が館種，館内の地位，職種及び司書資格の有無にかかわらず」と広範に設定された[24]。そのため，図書館司書が果たすべき義務や責任が不明確となり，専門職としての行動を拘束し違反者に制裁を課す内容も含ま

れていない。その結果，日図協が制定した倫理綱領は，自律のための具体的な目標としての役割を果たせず，社会に対する誓約を行なうものとはなっていない。また，日図協が専門職団体としての機能を果たし得ないため，図書館司書に対する規制力や倫理綱領としての影響力も弱い[25]。

他方，管理栄養士と栄養士には，職能団体である日本栄養士会によって制定された「管理栄養士・栄養士倫理綱領」がある。対象者は管理栄養士と栄養士であり，栄養の指導を実践する専門職として，その使命と責務を自覚し職能の発揮に努めることを社会に対して表明する内容となっている[26]。

第四の政治的運動の促進については，これまで日図協によって図書館関連法規の改正や基準の告示に際して，意見や要望を文書等で表明することはあったが国会議員等への陳情や働きかけなど直接的な行動を行ってきたことを文書等で確認することは難しい。

他方，日本栄養士会は，1975年に栄養士の業務と身分の向上を図るため，国会議員等に対する政治活動を行なう団体として「日本栄養士連盟」を設立した。日本栄養士会は，この団体をとおして管理栄養士の全面国家試験化と必置義務制度確立に向けた政治的な働きかけを行ない，法改正を実現している[27]。

ここでは，キャプロウによるプロフェッション化に至るプロセスをもとに，公立図書館における図書館司書のプロフェッション性を確認した。その結果，図書館司書にプロフェッション性の要素を見出すことは困難な状況であることがわかった。専門図書館職員は，公立図書館の図書館司書に比べ，扱う資料・情報の主題やサービス対象者などが限定されており，取り巻く状況も異なる。そのため，図書館司書のプロフェッション性とは異なる視点で検討する必要がある。そこで，企業内専門図書館の職員のプロフェッション性を検討するため，以降ではビジネスの世界における組織内プロフェッションの研究成果を援用する。

4.4 組織内プロフェッションとは

まず，4.2で述べた組織内プロフェッションが成立し得る社会的状況にあることを踏まえてその定義を述べる。次に，プロフェッショナル・マネジメントとプロフェッショナル・エンプロイーという二つの観点からビジネスの世界におけるプロフェッション化を捉え，企業などの成員が能力と生産性を発揮するための条件を明らかにする。

4.4.1 定義

4.3で述べたステイタス・プロフェッションの多くは，今日，教会，病院など専門職組織に所属している。こうしたプロフェッションが組織に雇用されるようになった背景には，組織において専門的知識や技術が増大し，それに伴い創造性が必要となってきたことが挙げられる。また，プロフェッションにとっても，一定水準のサービスの質を維持する上で組織的な活動が不可避となっている状況があった[28]。他方，近代以降の技術の発展と科学の進歩によって台頭したオキュペーショナル・プロフェッションの中には，企業などの非専門職組織に勤務する者もいる。こうした状況から，企業などに勤務する研究者等を，従来よりもゆるやかな基準のもとで「組織内プロフェッション」と捉えることが可能となる。

ビジネスの世界は，私益の追求，営利主義を基本としているのに対し，プロフェッションの世界は，利他主義，公益主義を基本としている。そのため，両者はまったく異なる原理で成り立っていると言える。しかし，現代の企業は，営利追求のみならず公共性や社会的責任をもち，ビジネスの世界でもプロフェッション化が取り上げられる状況となった。そのため，企業の職務においてもプロフェッションの要件が適合する可能性を指摘できるようになった[29]。

組織内プロフェッションは，企業などの組織に雇用され，職務に対する主体性と専門性をもち，組織の中核として評価される人材であると定義できる。

なお,「組織内」とは,特定の組織のみに通用するという意味ではなく,専門性を志向する現代のプロフェッションが存在する場所として,企業なども含めた広義の概念を想定している。具体的には,企業や官庁などの組織に雇用される成員が,職務を担当するにあたり自己の意思をもって担当職務にコミットする。その際,成員の担当職務の専門性と職務を遂行する能力が所属組織で一定水準に達しており,その成員が中心的な立場で担当職務の意思決定を行なうことで,高い評価を得ていると見なされる[30]。

この場合,職務に対するプロフェッション性は,10年程度の実務経験とそれに伴う関連知識などが一定水準に達していることが求められる。また,その評価方法と認定機関は,成員が属する企業独自で行なうのではなく,公的な第三者機関を設置し,共通基準を作成して行なう必要がある[31]。

4.4.2 条件

ビジネスの世界においてプロフェッション化が検討される場合,次の二つの観点から行なうことができる。一つは,プロフェッショナル・マネジメントで,従来,管理職と呼ばれてきた企業内の幹部級の職種を対象としたプロフェッション化である。もう一つは,プロフェッショナル・エンプロイーで,雇用契約に基づいて企業に雇われた社員のプロフェッション化である[32]。

プロフェッショナル・エンプロイーは,1950から1960年代に米国の大企業において大卒者の採用増加,経営管理の高度化に伴う機動力の必要性などを背景として急速な成長を遂げた。プロフェッショナル・エンプロイーは,職務の計画,組織への働きかけ,成果の測定,他の成員の仕事との統合といった管理サイクルを1人で完結して行なう。そのため,部下を持たず自らの専門的能力と知識によって,多様な管理サポートを行なう組織内のプロフェッションと捉えられる[33]。

ドラッカー(Peter F. Drucker)は,プロフェッショナル・エンプロイーの範囲が技術・開発から市場調査や会計まで拡大する状況の中で,プロフェッションをどのように組織化すべきかを検討した。そこで,ドラッカーは,プロフェッショナル・エンプロイーが企業の成員として十分に能力と生産性を

発揮するための五つの条件を提示した。すなわち，① プロフェッションとしての特質を保持しながら，企業に貢献しなければならない。特に，自身の企業への貢献の状況を理解することが求められる。② プロフェッションとしての評価に基づき，昇進の機会を与えられなければならない。③ プロフェッションとして能力を高め，企業への貢献を高める金銭的誘因（インセンティブ）が与えられなければならない。④ プロフェッションの特質にかなった職務でなければならない。⑤ 企業内だけでなく外部に価値を認められる業績を示さなければならないである[34]。これらの条件は，成果，昇進，報酬，職務内容，対外的な評価といった多様な捉え方をしている。

4.5 企業内専門図書館職員の組織内プロフェッション性

　ここまでの検討から次のことが明らかとなった。プロフェッションは，これまで利他・公益主義の観点から捉えられてきたため，私利・商業主義を基本とするビジネスとは対極にあるものと考えられた。しかし，ビジネスのもつ公益性や社会的責任に着目することによって，企業の職務にもプロフェッションの要件に適合する可能性を見出すことができた。また，社会の産業化，情報化とも相まって，プロフェッションの提供するサービスの範囲が，個人から大衆へと拡大し，それに伴い周辺職業との分業・協業が始まった。以上の状況から，職務領域を拡大して捉えることによって，企業に代表される非専門職組織においても，専門的職務に従事する者を組織内プロフェッション，とりわけプロフェッショナル・エンプロイーと捉えることが可能となった。

　本章で検討対象とする企業内専門図書館は，親機関の事業計画や経営目標の達成に貢献するため，ドラッカーが提示したプロフェッショナル・エンプロイーとしての諸条件を備えることが求められる。この条件は，企業の成員として十分に能力と生産性を発揮するために備えるべきものである。

　そこで，4.4で述べた組織内プロフェッションの定義とドラッカーの提示した条件をもとに，企業内専門図書館職員の組織内プロフェッション性とその位置づけを検討する。

4.5.1 定義からの検討

4.4.1で示したように，組織内プロフェッションは，① 企業などの組織に雇用され，② 職務に対する主体性と③ 専門性をもち，④ 組織の中核として評価される人材であると定義できる。この定義を上記のように四つの部分に分け，それぞれの点で企業内専門図書館職員が組織内プロフェッションと位置づけられるか否かを検討する。

第一に，「企業などの組織に雇用」される点は，1.4で示した『ALA図書館情報学辞典』の専門図書館の定義（部分抜粋）をもとに説明できる。同書では，専門図書館を「組織の目標を追求する上で，そのメンバーやスタッフの情報要求を満たすため，営利企業，私法人，協会，政府機関あるいは，その他の特殊利益集団もしくは機関が設立し維持し運営する図書館」[35]と規定している。ALAの定義から，専門図書館は企業や団体などの親機関によって設置された組織内図書館であると言える。日本においても専門図書館は同様に位置づけられており，専門図書館職員はこうした各種組織に雇用されている。そのため，第一の定義を満たしていると考えられる。

第二に，「職務に対する主体性」をもつ点は，専門図書館を取り巻く以下の状況をもとに説明できる。専門図書館は組織内図書館と位置づけられ，企業などの親機関の事業目標や使命の達成に寄与することが求められる。そのため，親機関の意思決定に役立つ資料・情報を提供していかなければならない[36]。近年，情報通信技術の進展によって，資料・情報がデジタル化される傾向にある。これに伴い，専門図書館での情報管理の機能が「出版物の管理」から「知識の管理」へ「既製情報資源の受け入れと提供」から「情報の分析・加工」へと変化している[37]。このような変化に対応するため，第2章で明らかになったように専門図書館では，インターネットやイントラネットを活用することによって，親機関の利用者に情報サービスを提供している。

こうした状況から，親機関への資料・情報サービスという職務領域において専門図書館職員が行なうべき職務は明確であり，職務遂行にあたっての裁量の余地も比較的大きいと考えられる。さらに，専門図書館職員の担当職務は，親機関の事業目標や使命の達成に寄与することが求められることから，

親機関と専門図書館双方の目的は一致していると捉えられる。そのため，専門図書館職員は一定の裁量のもとで職務にあたることが可能となる。以上のことから，専門図書館職員は職務に対する一定程度の主体性を持ち合わせていると考えられる。

　第三に，「職務に対する専門性」をもつ点は，第2章で把握した専門図書館職員の職務状況をもとに説明できる。この調査のうち，質問紙調査から企業内専門図書館では「独自コンテンツ・データベースの作成」と「資料・情報の使用方法の教育・指導」の実施率が他の機関種よりも優位に高いことがわかった。さらに，聞き取り調査から，パスファインダーやブックリストの作成，ブックフェアや企画展の開催といった発信型の資料・情報サービスが実施されていることを確認できた。これらの職務は，情報通信技術の活用や親機関の主題に関わる知識を必要としている。

　企業内専門図書館は著作権法第31条の適用除外である機関が多い。そのため，利用者は，複写による文献の提供とその扱い方について，専門図書館職員に助言を求める傾向にある。さらに，企業内専門図書館では，コンプライアンスの観点から専門図書館職員に著作権法の知識を修得することを求めている[38]。この点は専門図書館職員に求められる能力の一つとして「情報管理の法令に関する知識」が挙げられていることからも，それを裏付けるものとなっている[39]。

　専門図書館職員は，親機関の利用者の多様なニーズに適した情報サービスを提供するため，これらの職務を遂行することが求められている。これらの職務には，情報通信技術を活用し親機関の主題に関わる知識が求められており，さらに著作権法に関する知識も必要となることから，一定程度の専門性を持ち合わせていると考えられる。

　組織内プロフェッションは，一般に外部の専門家の情報を組織内に翻訳し実践することによって，その専門性を発揮することができるとされる。組織内プロフェッションが職務遂行にあたり，専門性を発揮するためには，他部門をも含む幅広い職務の専門性と自部門の特定職務での高い専門性の両方が必要となる[40]。

このことを専門図書館職員に当てはめて考えてみる。専門図書館職員は，外部に存在する各種の情報の中から，親機関の利用者に有益な情報を選択・収集・組織化・提供する職務を遂行している。これらの職務は，専門図書館の根幹に関わるものであり，「外部の専門家の情報を組織内に翻訳し実践」していると捉えられる。また，第2章で明らかにしたように専門図書館職員の職務を構成する要素として，専門図書館の各種情報サービスの基本ならびに各機関に固有の知識・技術と，親機関の主題に関わる知識・技術とが求められていた。これらの知識と技術は，「他部門をも含む幅広い職務の専門性と自部門の特定職務での高い専門性」に匹敵するものと考えられる。こうした状況から専門図書館職員は専門性を発揮し得る状況にあると考えられる。

　第四に，「組織の中核として評価される人材」である点は，親機関における専門図書館の位置づけをもとに説明できる。化学や鉄鋼業界を親機関とする企業内専門図書館では，1970年代以降，分社化される傾向にあった[41]。この傾向は，非営利部門を利益創出部門に転換することによって，事業活動の再構築を図るという経営上の政策によるものと考えられる。たとえば，ある化学会社では，技術情報管理部門を別会社に分離し，親機関の技術情報の管理業務を受託するとともに，これまでの実績をもとに外部からの技術情報の検索などを受託している[42]。こうした動きは，情報産業の発展の嚆矢とも捉えられる。しかしながら，組織の中核として評価されている事業は分社化されることは少ないと考えられる。

　一般に，専門図書館職員も含めたスタッフ部門で働く者は，組織の主要事業の支援を職務としている。専門図書館職員については，前述したように親機関の事業目標や使命の達成に寄与する資料・情報を提供することによって，意思決定を支援することが求められている。しかしながら，専門図書館は，経営資源の削減や事業規模の縮小などの影響を受けやすく，課された使命を十分に果たすことが難しい状況にあると言える。また，職種の性格上，組織への貢献度を測定することが困難であるため，他部署の注目を引く存在とはなりにくい[43]。こうした状況から，専門図書館職員が「組織の中核として評価される人材」となり得る状況にはないと言える。

ここでは組織内プロフェッションの定義をもとに，企業内専門図書館の職員を組織内プロフェッションとして位置づけられるかを検討した。その結果，以下のことが明らかとなった。

　第一の「企業などの組織に雇用」される点は，組織内図書館という専門図書館がもつ特性から，この定義を満たし得ることがわかった。第二の「職務に対する主体性」をもつ点は，親機関の事業目標や使命の達成に寄与するため，情報サービスの提供に際し担当職務の内容が明確であり，かつ職務遂行の裁量の余地も大きいことから，一定程度の主体性を持ち合わせていることがわかった。第三の「職務に対する専門性」をもつ点は，親機関の利用者のニーズに対応するため，情報通信技術や親機関に関する主題，著作権法といった専門的な知識・技術をもとに情報サービスを提供していることから，一定程度の専門性を持ち合わせていることがわかった。第四の「組織の中核として評価される人材」である点は，次の3点を理由に，そうした評価を受けているとは言えないことがわかった。まず，経営政策の観点から非営利部門である専門図書館を，利益創出を目的とした事業活動の再構築の対象としていること，次に，そうした状況から専門図書館職員が課された使命を十分に果たすことが難しい状況にあること，最後に，職種の性格上，親機関への貢献度を測定することが困難な状況にあることである。

4.5.2　条件からの検討

　組織内プロフェッションの一形態であるプロフェッショナル・エンプロイーが企業などでプロフェッションとして，能力と生産性を発揮するための条件は次の5点であった。すなわち，① 親機関への貢献，② 評価に基づく昇進，③ 能力向上と金銭的誘因，④ 職務内容，⑤ 業績の評価である。これらの条件をもとに，企業内専門図書館の職員が組織内プロフェッションと位置づけられるか否かを検討する。

　①「親機関への貢献」と④「職務内容」については，4.5.1で述べたように専門図書館は組織内図書館と位置づけられ，親機関の事業目標や使命の達成に寄与する資料・情報を提供することが求められている。そのため，親機

関に貢献し得る職務内容となっていると考えられることから，この条件は整っていると言えよう。

②「評価に基づく昇進」と③「能力向上と金銭的誘因」ならびに⑤「業績の評価」については，次の二つの観点から検討できる。第一に，「業績の評価」と「能力向上」については，専門図書館職員の業績を評価するため，職務の遂行に求められる知識・技術を明らかにする必要がある。そのうえで，知識・技術を評価し得るシステムを構築することが求められる。そのようなシムテムを構築することによって，専門図書館職員に能力向上の機会を提供することになる。

こうした知識・技術には，明示化，体系化され言語として伝達し得る「形式知」と，個人の行動様式や価値観といった体系理論や知識として表すことができない「暗黙知」が考えられる。暗黙知を形式知に変換することによって，組織内で知識の共有化を図り，職務効率を高めようとするマネジメント手法をナレッジマネジメントという[44]。専門図書館職員が職務遂行に高度な専門性を発揮するには，専門図書館職員のもつ形式知と暗黙知の両方を含めて知識・技術が検討され，それらを評価する必要がある。

専門図書館界では，2000年前後にナレッジマネジメントに組織運営の活路を見出す動きがあった。1999年，SLA の年次大会において，専門図書館の運営にナレッジマネジメントを適用した事例が紹介されたことを契機に，日本の専門図書館界でもナレッジマネジメントが注目された。図4-1では専門図書館の職務にナレッジマネジメントのプロセスを適用し示した。専門図書館職員は，このプロセスの中で特に初期段階に相当する組織内外に存在する情報から親機関に有効な情報を選択する段階に役割を見出すことができる[45]。

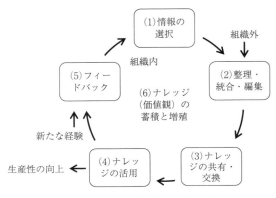

図4-1　ナレッジマネジメントのプロセス
(出所)　豊田恭子「ナレッジマネジメント：私たちは何処へ向かうのか」『専門図書館』No. 176, 1999, p.7.

　第二に，「評価に基づく昇進」と「金銭的誘因」については，専門図書館職員は資料・情報サービスの提供を通して親機関の主要事業を支援することを職務としているため，直接的に親機関の利益創出に携わっているとは言えない。

　米国では，専門図書館職員がキャリアパスの一環として，企業価値を向上させるために，組織全体の知識管理の指揮・監督を行なう役員である最高知識責任者（Chief Knowledge Officer, CKO）のポジションを視野に含めている状況が見られる[46]。しかし，日本の専門図書館職員にはそうした動きは見られない。

　これまで，ドラッカーの能力と生産性を発揮するための5点の条件をもとに，企業内専門図書館の職員がプロフェッショナル・エンプロイーと位置づけられるか否かを検討した。その結果，①「親機関への貢献」と④「職務内容」については，条件が整っていることがわかった。他方，⑤「業績の評価」については評価される条件を確認したにとどまった。そのため，その延長線上にある②「評価に基づく昇進」と③「能力向上と金銭的誘因」については，実態として未だ条件が整っているとは言えないことがわかった。

4.6 本章のまとめと考察

4.6.1 プロフェッション性の検討

本章では,企業内専門図書館職員のプロフェッション性をいくつかの段階を踏むことで検討した。

第一に,先行研究をもとに伝統的プロフェッションに求められる専門性とオキュペーショナル・プロフェッションとの相違を明らかにすることによって,企業に代表される非専門職組織で専門的職務に従事する者を組織内プロフェッションと捉えた。そして,組織内プロフェッションの職務領域を拡大して捉えることによって,専門性を高められることを指摘し組織内プロフェッションが成立し得る状況にあることを示唆した。

第二に,組織内プロフェッションの検討を行なった。まず,プロフェッションの歴史と定義を明らかにした。次に,プロフェッションの特色を,技術,経済,社会の三つの側面と,プロフェッションが誕生した背景と果たすべき役割の違いをマイナスとプラスという二つの系譜から述べた。最後に,キャプロウの四つのプロフェッション化の過程をもとに,日本の栄養士のプロフェッション化の軌跡と比較することによって,公立図書館の図書館司書のプロフェッション性を確認した。その結果,図書館司書については,専門職団体の設立,倫理綱領の制定と普及,政治的運動の促進の3点においてプロフェッション性を見出すことが難しい状況にあることがわかった。専門図書館職員は,公立図書館の図書館司書と比べ,扱う資料・情報とサービス対象者が限られており状況も異なる。そのため,以降では,企業内専門図書館職員のプロフェッション性を検討するにあたり,ビジネスの世界における組織内プロフェッションの研究成果を援用した。

第三に,組織内プロフェッションの定義を明らかにした。その上でビジネスの世界におけるプロフェッション化を,プロフェッショナル・マネジメントとプロフェッショナル・エンプロイーの二つの観点から捉えて,ドラッカーによる企業などの成員が能力と生産性を発揮するための五つの条件を提示

した。

　第四に，企業内専門図書館職員の組織内プロフェッション性について，4.4で述べた定義と条件から検討した。定義についてはまとまりのある4点に分けて検討した。その結果，「企業などの組織に雇用」される点，「職務に対する主体性」と「職務に対する専門性」をもつ点については定義を満たしていた。他方，「組織の中核として評価される人材」である点は定義を満たしていなかった。

　条件については，「親機関への貢献」と「職務内容」については条件が整っていた。他方，「業績の評価」については，職務の遂行に求められる知識・技術を明らかにしたうえ，それらを評価し得るシステムを構築する必要性を確認したにとどまった。そのため，システムが構築された後，次の段階として検討され，成果が求められる「評価に基づく昇進」と「能力向上と金銭的誘因」については，未だ条件が整っていない状況であった。

4.6.2　プロフェッション性を高める方策

　4.5では，組織内プロフェッションの定義と条件をもとに，企業内専門図書館職員のプロフェッション性を検討した。その結果，定義と条件を満たし得ない部分が残されていることが明らかとなった。これらの点を考察することによって，他の機関種をも含めた専門図書館職員のプロフェッション性を高めるための方策を提示していく。

　まず，定義のうち「組織の中核として評価される人材」になり得ていない点について，その方策を述べる。定義を構成する四つの観点のうち，「職務に対する主体性」と「職務に対する専門性」は定義を満たしていた。前者については，情報通信技術の進展を背景として，情報管理の機能が「情報の分析・加工」へと変化しつつある状況に対応するため，インターネットやイントラネットを活用することで情報サービスを提供していた。こうした状況から，専門図書館職員の職務内容は明確であり，また，一定の裁量のもとで職務にあたることが可能であると考えられることから，職務に対する一定程度の主体性を持ち合わせていると考えられた。

後者については,「独自コンテンツ・データベースの作成」や発信型サービスに必要となる親機関の主題知識,著作権法に関する知識といった専門性を要する知識が求められていた。さらに,専門図書館職員は,親機関の利用者に有益な外部情報を,選択・収集・組織化・提供することで,組織内に「翻訳」していた。以上のことから,職務に対する一定程度の専門性を要する知識が求められ,それらを発揮し得る状況にあると考えられた。

　定義の検討結果に基づくと,職務に対する主体性と専門性を発揮するには,情報に加工・分析を施すことによって,親機関に付加価値のある情報サービスを提供することが求められていることがわかる。この点は,利用者志向の観点に立っているため,専門図書館職員が「組織の中核として評価される人材」になり得る可能性があると考えられる。第2章での検討に基づくと「資料・情報に加工・分析を施し利用者に提供する」職務は,概して実施率が高い状況にあるとは言えない。

　そのため,近年,米国の図書館界で一つの潮流となりつつあるエンベディッド・ライブラリアン（Embedded Librarians）と呼ばれる利用者志向の図書館員モデルが参考になる。エンベディッド・ライブラリアンは従来型の図書館サービスとの比較を通してその特徴を捉えることができる。すなわち,図書館ではなく限られた利用者を対象にして,利用者の勤務場所で活動し主題知識をもとに資料・情報を分析・統合して提供する専門職のモデルである[47]。このモデルは,特定のニーズをもつ利用者グループに対し情報を加工し付加価値の高いサービスの提供が期待できる[48]。前述のように,専門図書館は,組織内図書館と位置づけられ親機関の利用者に対して事業目標や使命の達成に寄与する資料・情報を提供することが求められていた。たとえば,企業内専門図書館では,マーケティングや競合他社に関する情報を対象に,従来型のレファレンスサービスの提供から適時的確に情報ニーズを識別できる情報サービスの提供へと変化することが求められる[49]。専門図書館職員は,それぞれの利用者のもとにエンベッド（埋め込む）されて情報サービスを提供することにより,利用者の情報サービスに対するニーズをより的確に把握できるようになる。その結果,専門図書館職員は利用者に対して迅速な

情報サービスの提供が可能となる。専門図書館職員はエンベディッド・ライブラリアンとして機能することによって,「組織の中核として評価される人材」となり得る可能性が高まると考えられる。

次に,条件のうち整っていない次の3点について,その方策を述べる。まず,「業績の評価」については,4.5において専門図書館職員の知識・技術を評価し得るシステムを構築することの必要性を指摘した。具体的には,第2章において明らかにした専門図書館職員の職務を構成する知識・技術を体系的に修得したことを客観的に証明できる認定資格制度を設立することが必要となろう。制度の設立によって,専門図書館職員が職務において「できること」を明らかにすることにつながる。認定資格制度は,専門図書館職員のもつ知識・技術を客観的に評価し得る指標となり,専門図書館職員の質を保証することにもなる。その結果,専門図書館職員の「業績の評価」が可能となり,次の段階として「評価に基づく昇進」へと結びつき,ひいては専門図書館職員の「能力向上と金銭的誘因」へとつながっていくと考えられる。以上のように,専門図書館職員の満たし得ていない定義と条件を段階的に整備していくことによって,そのプロフェッション性を高めていくことが可能となる。

注・引用文献

1) 石村善助『現代のプロフェッション』至誠堂,1969,258p,参照はp.52-54.
2) 前掲1),p.55-57.
3) Elliott, Philip *The Sociology of the Professions*. Macmillan, 1972, 180p.
4) 藤本昌代『専門職の転職構造:組織準拠性と移動』文眞堂,2005,284p,参照はp.108-114.
5) 竹内洋「専門職の社会学:専門職の概念」『ソシオロジ』Vol.16, No.3, 1971, p.45-66.
6) 前掲4),p.108.
7) 前掲4),p.4-6.
8) 前掲6)
9) Salz, Arthur Occupation *Encyclopedia of the Social Sciences*. Vol.11,

Macmillan, 1937, p.424-435.
10) 前掲1), p.26-31.
11) 医師法第1条では「医師は，医療及び保健指導を掌ることによつて公衆衛生の向上及び増進に寄与し，もつて国民の健康な生活を確保するものとする。」として医師の任務を規定している。同法第19条1項では「診療に従事する医師は，診察治療の求があつた場合には，正当な事由がなければ，これを拒んではならない。」として医師の応召義務を規定している。
12) 前掲1), p.31-34.
13) 前掲1), p.34-38.
14) 前掲1), p.57-59.
15) Caplow, Theodore *The Sociology of Work*. University of Minnesota Press, 1954, 330p. 参照はp.139-140.
16) 前掲1), p.69.
17) Wilensky, Harold L. "The Professionalization of Everyone?" *The American Journal of Sociology*. No.70, 1964, p.137-158.
18) 薬袋秀樹「日本図書館協会の再生に向けて」『図書館雑誌』Vol.96, No.11, 2002, p.892-893.
19) 日本図書館協会.「入会のご案内」http://www.jla.or.jp/membership/tabid/270/Default.aspx, (参照2024-07-30)
20) 市川昭午「図書館員の専門職性」『図書館雑誌』Vol.64, No.11, 1970, p.521-524.
21) 鈴木道子「管理栄養士：養成システムの二重構造」橋本鉱市編著『専門職養成の日本的構造』玉川大学出版部, 2009, p.165-183. なお，管理栄養士などの専門職確立過程を検討することによって，日本的専門職の文脈における司書資格の特質を明らかにした研究に，根本彰，松本直樹，青柳英治「日本的専門職養成構造における司書の位置づけ：「管理栄養士」「臨床心理士」との比較において」『生涯学習基盤経営研究』No.37, 2013, p.57-71. がある。
22) 糸賀雅児「認定司書制度の開始にあたって」『図書館雑誌』Vol.104, No.7, 2010, p.423-426.
23) 前掲21)
24) 日本図書館協会.「図書館員の倫理綱領」http://www.jla.or.jp/library/gudeline/tabid/233/Default.aspx, (参照 2024-07-30)
25) 薬袋秀樹「日本図書館協会「図書館員の倫理綱領」(1980)の考察」『図書館学会年報』Vol.42, No.1, 1996, p.32-48.
26) 日本栄養士会.「管理栄養士・栄養士倫理綱領」https://www.dietitian.or.

jp/career/guidelines/，（参照 2024-07-30）
27) 前掲21)
28) 太田肇『プロフェッショナルと組織：組織と個人の「間接的統合」』同文館，1993，220p．参照はp.22-25．
29) 前掲1)，p.194-214．
30) 宮下清『組織内プロフェッショナル：新しい組織と人材のマネジメント』同友館，2001，203p．参照はp.55-57．
31) 前掲30)
32) 前掲29)
33) 前掲30)，p.45-49．
34) Drucker, Peter F.（現代経営研究会訳）『現代の経営 下』ダイヤモンド社，1965，302p．参照はp.210-224．
35) Young, Heartsill 編（丸山昭二郎，高鷲忠美，坂本博監訳）『ALA図書館情報学辞典』丸善，1988，328p．参照はp.132-133．
36) 青柳英治「専門図書館の現状と課題」『図書館界』Vol.61，No.5，2010，p.372-382．
37) 高山正也「特別講演：21世紀における情報サービスのあり方」『情報の科学と技術』Vol.51，No.10，2001，p.509-513．
38) 2013，2014年度に専門図書館職員を対象に実施した専門図書館職員のキャリア形成に関する聞き取り調査で明らかになった事項の一つとして挙げられる。
39) 長谷川昭子は専門図書館関係者や団体が考える専門図書館職員に求められる能力を整理のうえ検討した。その結果，情報管理の法令に関する知識を含めた7点の能力が求められるとしている。長谷川昭子『専門図書館における現職者教育と個人の能力開発』風間書房，2013，388p．参照はp.208-228．
40) 前掲30)，p.134-139．
41) 青柳英治『専門図書館の人的資源管理』勉誠出版，2012，231p．参照はp.43-47．
42) 前掲41)
43) Head, Alison J. and Fisher, William "The Origins of Power and the Susceptibilities to Powerlessness" *Special Libraries*. Vol.86，No.2，1995，p.125-135．
44) 野中郁次郎ほか『知識創造企業』東洋経済新報社，1996，401p．
45) 豊田恭子「ナレッジマネジメント：私たちは何処へ向かうのか」『専門図書館』No.176，1999，p.6-12．

46) Corcoran, Mary and Jones, Rebecca "Chief Knowledge Officers? Perception, Pitfalls and Potentials" *Information Outlook*. Vol.1, No.6, 1997, p.30-36.
47) Shumaker, David and Talley, Mary *Models of Embedded Librarianship Final Report*. 2009 https://embeddedlibrarian.wordpress.com/wp-content/uploads/2013/04/models-of-embedded-librarianship_finalreportrev.pdf, (参照 2024-07-30)
48) Shumaker, David "A wide range of approaches : Embedded library models vary in format but share a common focus on delivering customized services to clients with welldefined needs" *Information Outlook*. Vol.14, No.1, 2010, p.10-11.
49) 前掲48)

*本章は，青柳英治「図書館専門職員のプロフェッション性に関する一考察：企業内専門図書館職員を中心に」『図書館界』Vol.67, No.3, 2015, p.152-165.を加筆・修正したものである。

第5章　組織の側から捉えた専門図書館職員の人材育成

5.1　本章の目的と方法

　本章では，研究課題4「専門図書館ではどのように専門図書館職員の人材育成を行っているのか」を明らかにする。そのために，専門図書館職員を組織の側から捉えることで人材育成の状況を明らかにし，その結果をもとに専門図書館職員の雇用と人材育成の今後のあり方を提示することを目的とする。

　本章では専門図書館という組織を検討対象とする。1.3.4で述べたように，これまで専門図書館職員個々人を対象とした実態調査や意識調査は行われてきたが，組織として専門図書館を対象とした調査は実施されていない。専門図書館における人材育成の実情を把握するには，個人の意識と合わせて組織は人材育成をどのように捉えているのかを明らかにする必要がある。そこで，職員の雇用形態，専門図書館の規模（スタッフ数），機関種の違いによって，人材育成の捉え方にどのような差異があるのかを明らかにする。

　これら3点を設定した理由は次のとおりである。まず，雇用形態と規模については，専門図書館は比較的少人数で非正規職員によって運営・サービス提供されている機関が多く，今後もこうした状況が継続すると考えられる。その場合，正規職員は親機関による人材育成が期待できるが，非正規職員は自律的なキャリア形成が求められることになり，組織として専門図書館における人材育成の考え方に差異が生じることが想定されるからである。次に，親機関の機関種については，組織的に人材育成が行われる公的組織（政府機関や地方自治体など）と，雇用形態の多様化が進行している民間組織（民間企

業)とでは，規模の状況とも相まって専門図書館職員の人材育成においても差異が生じることが想定されるからである。

　設定した目的を解明するため，方法として質問紙と聞き取りによる調査を実施し，さらに企業・事業所の勤務者を対象とした同種の調査結果との比較を行う。具体的には，質問紙調査では人材育成の状況を，雇用形態，スタッフ数と機関種の三つの観点からそれぞれの差異を分析し，さらに企業や事業所の勤務者を対象とした同種の調査結果とも比較検討する。聞き取り調査は，質問紙調査で得られた結果を深化させるため，特徴的な回答が得られた複数機関を対象に実施する。結果の分析は計量テキスト分析により行う。

5.2　質問紙による人材育成の状況調査

5.2.1　調査項目

　表5-1では調査項目を示した。項目の作成には，厚生労働省が実施する「能力開発基本調査」(以下，能開調査という)を参照した。同調査は，国内の企業・事業所と労働者の能力開発の実態を，雇用形態(正社員とそれ以外)別に明らかにするため毎年実施されている。調査は「企業調査」「事業所調査」「個人調査」の3点からなる[1]。

　この調査を用いる理由は，①親機関の中での専門図書館の位置づけと②その特徴，そして③本章のテーマである人材育成の3点から説明できる。第一に，専門図書館は親機関内の一部門として位置づけられることが多く「事業所」と捉えられるためである。第二に，機関種の区分から明らかなように専門図書館は公的・民間の別を問わず設置され，1.4で示したように民間企業と同様に組織目標の追求をミッションとしているためである。第三に，人材育成をめぐる問題は一般に公的・民間の区別なく普遍的な課題となっているためである。以上のことから，項目の作成には，当時の最新版であった2014年度「事業所調査」の項目を参照することにした。調査票は付録に収録した。

表5-1 調査項目の構成

調査項目の内容		正規	非正規	形式
問1	計画的なOJT実施の有無	○	○	3肢
問2	Off-JT実施の有無	○	○	3肢
問2-1	参加した講座名と実施機関名	○	○	記述
問3	人材育成上の問題点の有無	○		2肢
問3-1	具体的な問題点	○		9肢※, 記述有
問4	求められる知識・技術の周知	○	○	5肢
問5	自己啓発に対する支援の有無	○	○	3肢
問5-1	具体的な支援内容	○	○	6肢※, 記述有
問6	能力評価の実施の有無	○	○	3肢
問6-1	具体的な活用方法	○	○	7肢※, 記述有
問6-2	資格活用の有無	○	○	2肢
問6-2-1	具体的な資格名称	○	○	記述式
問6-3	問題点の有無	○	○	2肢
問6-3-1	具体的な問題点	○		5肢※
問7	横断的な能力評価基準作成のメリットの有無	○		2肢
問7-1	具体的なメリット内容	○		6肢※
問8	団塊世代の退職等による職務の技能継承問題の有無	○		2肢
問8-1	具体的な取り組み内容	○		10肢※, 記述有

(注) どの調査項目を正規・非正規の別，合わせて尋ねるのかの判断は，能力開発基本調査の設問を参考に行った。※は複数回答が可能な項目を示している。

5.2.2 調査対象

対象は1.4で示した『ALA図書館情報学辞典』による専門図書館の定義を踏まえ，そこで提示された機関種と『総覧』で用いられている機関種を参考に設定した。まず，定義については，ALAの辞典では，①組織の目標を追求する上でそのメンバーやスタッフの情報要求を満たすこと，②コレクションとサービスの範囲は表5-2に示す機関種もしくは親機関の関心のある主題に限定されることの2点を挙げている。対象とする専門図書館はこの定義に拠った。次に，機関種については，両者の検討をもとに9機関種とした。

調査対象とする機関の選定は，調査当時，最新版であった『総覧』2015年版を核とし，網羅性を高めるため，前版の2012年版にのみ掲載されている機関も含めた。そのため，調査対象とした機関は当該機関種において網羅性が高く，一部の機関のみを選定したものではない。

本章では，1.3.4で述べた先行研究の限界点を踏まえて，専門図書館という組織を対象に設定した目的を明らかにしていく。

表5-2　機関種の比較

『ALA図書館情報学辞典』	『専門情報機関総覧』	本調査
営利企業	民間企業体	民間企業
私法人	公益社団・財団，一般社団・財団，団体・団体内	私立図書館，その他団体
協会		
政府機関	国（政府）関係機関・独立行政法人，地方議会・地方自治体，国際機関・外国政府機関	国（政府機関），独立行政法人，地方議会，地方自治体，国際機関，外国政府機関
その他の特殊利益集団・機関	その他	－

5.2.3　実施状況

9つの機関種の839機関において実務ならびに管理的職務を担う人を対象に，組織として実施する専門図書館職員の人材育成について尋ねた。2015年4月13日に質問紙を郵送し，5月15日を返送期限として実施した。その後，6月15日を期限として，5月29日に葉書による督促を行った。結果，508機関から調査票を回収できた。このうち，回答辞退の申し出や閉鎖が判明した132機関を集計から除外した。最終的な有効回収数は376機関（有効回収率44.8%）であった。

5.2.4　調査結果

5.2.4.1　分析方法

調査結果は，① 属性，② 人材育成の方法，③ 人材育成上の問題点，④ 職務遂行で求められる知識・技術の周知，⑤ 能力評価の状況，⑥ 退職等による職務の技能継承に分けて検討する。属性では機関種とスタッフ数の状況

を取り上げる。各調査項目では，雇用形態別，および雇用形態（正規職員・非正規職員）ごとのスタッフ数（1-2人，3-5人，6人以上の3区分）別と機関種（9区分）別にそれぞれクロス集計を行った。スタッフ数と機関種を雇用形態ごとに分ける理由は，質問紙において雇用形態別に回答する形式としており，合計することで正規・非正規の両方に該当する機関が重複計算されてしまうことによる。

集計結果をもとに，人材育成に関わる各調査項目が雇用形態，スタッフ数，および機関種の差によって，どのような影響を受けているのかを検定で明らかにした。検定にあたり，②③⑤⑥はカイ二乗検定，④はクラスカル・ウォリス検定を用いた。その際，対象者なしの選択肢と未記入を除いた。以降で示す集計表では，調査項目に該当している機関数と比率を示した。また，スタッフ数と機関種の検討は，それぞれの正規職員と非正規職員の両方に有意差が確認できた場合に行った。

各調査項目の検討では，調査実施年の能開調査（2015年版）の結果を参照軸とした[2]。本調査では正社員以外の雇用形態を非正規職員と捉える。

5.2.4.2 回答機関の状況

質問紙を回収できた機関の比率は，私立図書館（23.4%），独立行政法人（17.6%），地方自治体（13.6%）の順に高かった[3]。

また，質問紙を回収できた機関の内訳を所在地と機関種の別に捉えた。所在地では，東京都（41.5%），神奈川県（5.9%）といった首都圏に所在する機関の比率が高かった。機関種との関係では，特に東京都にある公益法人が設置した私立図書館や，茨城県にある独立行政法人に附設された機関からの回答が顕著であった。この状況は，専門図書館の多数が東京都に集中していること，研究機能を有した独立行政法人が茨城県に多数あることと符合する。第2章の質問紙調査でも同様の傾向が見られた。

さらに，機関種別に正規・非正規職員を合わせたスタッフの合計数を平均値で捉えた。特徴としては，国（政府機関）（10.3人）と，国に準ずる独立行政法人（4.9人）のスタッフ数が多かった。地方自治体（4.3人）と地方議会

(3.0人) は，他の機関種と比べて事業環境が厳しいと考えられる民間企業 (4.4人) よりもスタッフ数が少ない状況であった[4]。スタッフ数が突出している国（政府機関）を除いたスタッフ合計数の平均値は約4人であった。

5.2.4.3 人材育成の状況
(1) 人材育成の方法

人材育成の方法には，OJT, Off-JT, そして自己啓発への支援の3点を取り上げる。

まず，職場において教育訓練計画を作成して，OJTが段階的・継続的に行われているかを尋ねた。結果は，正規職員の方がやや高いが，正規・非正規職員とも実施率は20%程度であった。有意差は雇用形態の別には見られず，スタッフ数の多寡（表5-3）に確認できた。スタッフ数が少なければ，実務を教える先輩や上司はいないか，またはOJTが実施しづらい状況となるため，実施にあたってはスタッフ数の多寡が関わってくることが考えられる。さらに，機関種の別（表5-4）でも有意差を確認できた。スタッフ数の多い国（政府機関）と独立行政法人において，OJTが実施されていることが伺える。このことはスタッフ数の多寡に有意差を確認できたことと符合する。

表5-3　スタッフ数別の計画的なOJTの実施

スタッフ数	正規職員		非正規職員	
	機関数（%）	χ^2値（df=2）	機関数（%）	χ^2値（df=2）
1-2人 N=141	11 (7.8%)		5 (3.5%)	
3-5人 N=139	34 (24.5%)	13.98***	31 (22.3%)	23.27***
6人以上 N=94	32 (34.0%)		33 (35.1%)	
計 N=374	77 (20.6%)	***$p<0.001$	69 (18.5%)	***$p<0.001$

(注)　計のNの値が有効回収数（376）と一致しないのは，スタッフ数未記入機関が2機関あることによる（以降，同様）。

表5-4　機関種別の計画的なOJTの実施

機関種	正規職員		非正規職員	
	機関数（％）	χ^2値（df=8）	機関数（％）	χ^2値（df=8）
国（政府機関）N=35	18（51.4%）		15（42.9%）	
独立行政法人 N=66	16（24.2%）		17（25.8%）	
地方議会 N=48	4（8.3%）		4（8.3%）	
地方自治体 N=51	2（3.9%）		6（11.8%）	
私立図書館 N=88	17（19.3%）	22.34**	13（14.8%）	20.43**
その他団体 N=26	6（23.1%）		5（19.2%）	
民間企業 N=47	10（21.3%）		9（19.1%）	
国際機関 N=5	1（20.0%）		1（20.0%）	
外国政府機関 N=10	4（40.0%）		0（-％）	
計　N=376	78（20.7%）	**$p<0.01$	70（18.6%）	**$p<0.01$

　能開調査の同項目[5]では，正社員の実施率が58.9％，それ以外が30.2％であり，専門図書館職員のいずれの雇用形態に比べても実施率は高かった。しかし，能開調査でも教育訓練計画を作成した上で段階的・継続的にOJTを行っている機関は，正社員であっても60％程度にとどまっていた。

　次に，職場においてOff-JTが行われているかを尋ねた。結果は，正規職員（39.1％）が非正規職員（27.9％）に比べ約11ポイント実施率が高かった。有意差は雇用形態の別（表5-5）に確認できた。スタッフ数の多寡と機関種の別では，正規職員にのみ有意差が見られた。回答機関では，終身雇用を前提とした正規職員の教育訓練に力を入れていることが伺える。自由記入欄に記されたOff-JTとして参加した研修をまとめた結果，正規・非正規職員とも専図協主催の全国研究集会と各種研修が最も多かった。そのほか，国立国会図書館主催の各種研修，図書館関係団体主催の各種研修，そして文化庁主催の図書館員等を対象とした著作権に関わる研修などが挙げられていた[6]。

表5-5 雇用形態別のOff-JTの実施

N=376

雇用形態	機関数（％）	χ^2値（df=1）
正規職員	147（39.1%）	12.98***
非正規職員	105（27.9%）	

***$p<0.001$

能開調査の同項目[7]では，正社員の実施率が72.0%，それ以外が36.6%であり，専門図書館職員のいずれの雇用形態に比べても実施率は高かった。専門図書館職員の研修は，企業の事業所の勤務者のそれと比べて，60から70%程度の実施率であった。

最後に，職場において自己啓発に対する支援が行われているかを尋ねた。結果は，正規職員（41.5%）の方が非正規職員（25.3%）に比べ約16ポイント実施率が高かった。有意差は雇用形態の別（χ^2値31.42, df=1, $p<0.001$）に確認できた。スタッフ数の多寡では正規職員にのみ，機関種の別では非正規職員にのみそれぞれ有意差が見られた。専門図書館では，終身雇用を前提とした正規職員が行う自己啓発に対する支援に力を入れていることが伺える。

さらに，自己啓発に対する支援を実施している機関に対し，その内容を5肢で尋ねた。その結果，受講料等の金銭的支援，自主的勉強会等への援助，教育訓練休暇の付与については，正規職員に対する支援の方が非正規職員に比べ実施率が高かった。特に，受講料等の金銭的支援（正規職員48.1%，非正規職員23.2%）は約25ポイントの差があった。その他の支援内容は，非正規職員の方がわずかに実施率が高かった。自己啓発に対する支援の差が雇用形態の別によるものであったため，支援内容の差も同様に確認した。結果は受講料等の金銭的支援に有意差が見られた（表5-6）。非正規職員の中には派遣職員や委託職員も含まれる。こうした職員の自己啓発に対する支援は，それぞれの派遣会社や委託会社によって行われることが多いため，特に金銭的支援に対する実施率が低くなったと考えられる。支援内容の中で研修会等の情報提供がいずれの雇用形態（正規職員82.7%，非正規職員87.4%）とも実施率が最も高かった。しかし，自主的勉強会等への援助，就業時間の配慮は，

正規・非正規職員とも実施率に差がなかった。これは金銭の支給を伴わないためであろう。教育訓練休暇の付与については，他の支援内容ほど広く普及していないことが要因と考えられる。

表5-6　自己啓発に対して支援している具体的な内容（複数回答）

正規職員N=156，非正規職員N=95

支援内容	雇用形態	機関数（％）	χ^2値（df=1）
金銭的支援	正規職員	75（48.1％）	15.46***
	非正規職員	22（23.2％）	
研修会等の情報提供	正規職員	129（82.7％）	0.98
	非正規職員	83（87.4％）	
自主的勉強会等への援助	正規職員	36（23.1％）	0.60
	非正規職員	18（18.9％）	
就業時間の配慮	正規職員	35（22.4％）	0.49
	非正規職員	25（26.3％）	
教育訓練休暇の付与	正規職員	10（6.4％）	0.14
	非正規職員	5（5.3％）	

***$p<0.001$

能開調査の同項目[8]では，正社員の実施率が79.6％，それ以外が55.6％であり，専門図書館職員のいずれの雇用形態に比べても実施率は高かった。専門図書館職員の自己啓発に対する支援は，企業の事業所の勤務者に対する支援と比べて50％前後の実施率であった。また，能開調査の支援内容については，受講料等の金銭的支援が正社員（78.9％），それ以外（61.2％）ともに実施率が最も高かった。他方，専門図書館職員に対する支援内容では，前述したように金銭の支給を伴わない情報提供が最も高かった。

(2) 人材育成上の問題点

専門図書館職員を育成するにあたり，雇用形態を分けずに問題があるかを尋ねた。結果は，約60％の機関で問題があるとの認識が示された。特に，スタッフ数が3-5人と6人以上の機関では，「問題あり」と回答した機関

が2/3を占めていた。有意差はスタッフ数の多寡（表5-7）に確認できた。スタッフ数が増えると職務分担の観点からは研修に参加できるゆとりが生じるため，問題を感じることは減るものと考えられる。しかし，回答機関は，むしろ逆であると認識していることが明らかとなった。スタッフ数の増加によって以前より実施できる職務の種類や分量の増加が想定される。そのため，特に回答者が管理的立場にある場合，職務に対する要求水準が高まることが考えられる。さらに，機関種の別にも有意差を確認できた（表5-8）。スタッフ数の多い国（政府機関）と独立行政法人で問題を感じていることが伺える。スタッフ数の多寡に有意差が見られたことから，理由も同様であると推測できる。

表5-7　スタッフ数別の人材育成上の問題

スタッフ数	機関数（％）	χ^2値（df=2）
1-2人 N=141	66（46.8%）	
3-5人 N=139	92（66.2%）	14.84***
6人以上 N=94	63（67.0%）	
計　N=374	221（59.1%）	***$p<0.001$

表5-8　機関種別の人材育成上の問題

機関種	機関数（％）	χ^2値（df=8）
国（政府機関）N=35	26（74.3%）	
独立行政法人 N=66	50（75.8%）	
地方議会 N=48	14（29.2%）	
地方自治体 N=51	21（41.2%）	
私立図書館 N=88	58（65.9%）	44.60***
その他団体 N=26	16（61.5%）	
民間企業 N=47	31（66.0%）	
国際機関 N=5	3（60.0%）	
外国政府機関 N=10	3（30.0%）	
計　N=376	222（59.0%）	***$p<0.001$

人材育成上，問題があると回答した機関に対し，その内容を8肢で尋ねた。その結果，時間の不足，予算の不足など四つの問題点は，スタッフ数の増加に伴い，総じて「問題あり」の比率が高くなっていた。適切な教育訓練施設がない，人材育成の方法がわからないなど三つの問題点は，スタッフ数が3－5人の機関で比率が最も高かった。指導人材の不足は，スタッフ数の減少に伴い「問題あり」の比率が高くなった。有意差がスタッフ数の多寡によるかを確認した。結果は，人材育成をしても辞めてしまうという問題にのみ有意差が見られた（表5－9）。さらに，機関種の別による有意差を確認した。結果は三つの問題点に有意差が見られた（表5－10）。人材育成の時間や予算が不足している問題は公的組織に生じていることが伺える。

　「問題あり」と回答した機関が自由記入欄に記した内容をまとめた結果，人事異動が頻繁にある，専門図書館の運営やサービス提供を外部委託や非正規職員に任せているため，長期的な人材育成が困難，人事部門に専門図書館職員を育成する必要性が理解されないなどが挙げられていた。

表5-9　スタッフ数別の「問題あり」の場合の問題点（複数回答）

1-2人 N=66，3-5人 N=92，6人以上 N=63，計※ N=221

問題内容	スタッフ数	機関数(%)	χ^2値(df=2)	問題内容	スタッフ数	機関数(%)	χ^2値(df=2)
人材育成の時間がない	1-2人	29(43.9%)	3.47	人材育成しても辞めてしまう	1-2人	3(4.5%)	6.54*
	3-5人	48(52.2%)			3-5人	11(12.0%)	
	6人以上	38(60.3%)			6人以上	12(19.0%)	
	計	115(52.0%)	n.s.		計	26(11.8%)	*$p<0.05$
指導人材の不足	1-2人	35(53.0%)	2.52	人材育成の方法がわからない	1-2人	8(12.1%)	3.05
	3-5人	40(43.5%)			3-5人	12(13.0%)	
	6人以上	25(39.7%)			6人以上	3(4.8%)	
	計	100(45.2%)	n.s.		計	23(10.4%)	n.s.
人材育成の予算不足	1-2人	21(31.8%)	0.54	鍛えがえのある人材が集まらない	1-2人	1(1.5%)	2.95
	3-5人	27(29.3%)			3-5人	6(6.5%)	
	6人以上	22(34.9%)			6人以上	5(7.9%)	
	計※	70(31.7%)	n.s.		計	12(5.4%)	n.s.
適切な教育訓練機関がない	1-2人	8(12.1%)	0.31	技術の進歩が激しく人材育成が追いつかない	1-2人	0(-%)	1.39
	3-5人	14(15.2%)			3-5人	2(2.2%)	
	6人以上	9(14.3%)			6人以上	1(1.6%)	
	計	31(14.0%)	n.s.		計	3(1.4%)	n.s.

（注）※印の値と表5-10の機関種別の値の不一致はスタッフ数未記入機関があることによる。

表5-10 機関種別の「問題あり」の場合の問題点（複数回答）

機関種	人材育成の時間がない		人材育成の予算不足		技術進歩の激化で育成追いつかず	
	機関数(%)	χ^2値(df=8)	機関数(%)	χ^2値(df=8)	機関数(%)	χ^2値(df=8)
国（政府機関）N=26	13(50.0%)		7(26.9%)		0(-%)	
独立行政法人 N=50	36(72.0%)		12(24.0%)		0(-%)	
地方議会 N=14	4(28.6%)		2(14.3%)		0(-%)	
地方自治体 N=21	11(52.4%)		11(52.4%)		0(-%)	
私立図書館 N=58	30(51.7%)	20.28**	28(48.3%)	22.09**	0(-%)	18.74*
その他団体 N=16	9(56.3%)		4(25.0%)		0(-%)	
民間企業 N=31	8(25.8%)		4(12.9%)		3(9.7%)	
国際機関 N=3	2(66.7%)		1(33.3%)		0(-%)	
外国政府機関 N=3	2(66.7%)		2(66.7%)		0(-%)	
計 N=222	115(51.8%)	**$p<0.01$	71(32.0%)	**$p<0.01$	3(1.4%)	*$p<0.05$

能開調査の同項目[9]では，「問題あり」と回答した比率は71.6%であり，専門図書館職員と比べても約13ポイント高かった。また，問題の内容については，指導人材の不足（53.5%），時間の不足（49.1%），人材育成をしても辞めてしまう（44.5%）の順に比率が高かった。これらのことから，回答機関は，専門図書館職員の育成は企業の事業所の勤務者と比べて問題があると感じている比率が低いことが伺える。

(3) 職務遂行で求められる知識・技術の周知

専門図書館職員が職務遂行にあたり，求められる知識・技術を知らせているかを5肢で尋ねた。結果は，周知層（「知らせている」と「ある程度知らせている」の合計）は50%程度，不周知層（「あまり知らせず」と「全く知らせず」の合計）は20%前後であった。有意差はスタッフ数の多寡（表5-11）に確認できた。雇用形態の別と機関種の別では有意差が見られなかった。スタッフ数が多い機関では組織の規模も大きく利用者も多いと言える。そのため，回答機関はスタッフが多様な利用者ニーズに応えられるよう，職務の遂行にあたり求められる知識・技術を知らせることが重要であると認識していることが伺える。なお，この項目は本調査独自のものであり，能開調査には含まれていない。

表5-11 スタッフ数別の専門図書館職員に求められる知識・技術の周知

	スタッフ数	知らせている	ある程度知らせている	あまり知らせていない	全く知らせていない	χ^2値(df=2)
正規職員	1-2人 N=141	15 (10.6%)	29 (20.6%)	19 (13.5%)	17 (12.1%)	27.92***
	3-5人 N=139	32 (23.0%)	42 (30.2%)	16 (11.5%)	7 (5.0%)	
	6人以上 N=94	37 (39.4%)	34 (36.2%)	6 (6.4%)	2 (2.1%)	
	計 N=374	84 (22.5%)	105 (28.1%)	41 (11.0%)	26 (7.0%)	***p<0.001
非正規職員	1-2人 N=141	16 (11.3%)	29 (20.6%)	22 (15.6%)	14 (9.9%)	16.96**
	3-5人 N=139	33 (23.7%)	48 (34.5%)	21 (15.1%)	11 (7.9%)	
	6人以上 N=94	32 (34.0%)	39 (41.5%)	11 (11.7%)	2 (2.1%)	
	計 N=374	81 (21.7%)	116 (31.0%)	54 (14.4%)	27 (7.2%)	***p<0.001

(注) クラスカル・ウォリス検定による。

(4) 能力評価の状況

能力評価については，① 実施状況と活用方法，② 実施している場合の資格の活用状況と具体的な資格，③ 能力評価を行う際の問題の有無と内容，④ 横断的な能力評価基準作成のメリットの有無と内容の4点を取り上げる。

第一に，専門図書館職員の能力評価が職場で行われているかを尋ねた。結果は，正規職員（21.0%）の方が非正規職員（14.9%）に比べ約6ポイント実施率が高かった。有意差は雇用形態の別（χ^2値6.27，df=1，$p<0.05$）と機関種の別（表5-12）に確認できた。スタッフ数の多寡では有意差が見られ

表5-12 機関種別の能力評価の実施

機関種	正規職員		非正規職員	
	機関数（%）	χ^2値（df=8）	機関数（%）	χ^2値（df=8）
国（政府機関）N=35	17 (48.6%)		12 (34.3%)	
独立行政法人 N=66	7 (10.6%)		6 (9.1%)	
地方議会 N=48	13 (27.1%)		12 (25.0%)	
地方自治体 N=51	7 (13.7%)		10 (19.6%)	
私立図書館 N=88	14 (15.9%)	23.08**	6 (6.8%)	16.96*
その他団体 N=26	4 (15.4%)		4 (15.4%)	
民間企業 N=47	13 (27.7%)		5 (10.6%)	
国際機関 N=5	1 (20.0%)		1 (20.0%)	
外国政府機関 N=10	3 (30.0%)		0 (-%)	
計 N=376	79 (21.0%)	**$p<0.01$	56 (14.9%)	*$p<0.05$

なかった。

　回答機関では，非正規職員よりも正規職員，特に国（政府機関）の職員に対する能力評価に力を入れていることが伺える。さらに，能力評価を実施している機関に対しその活用方法を尋ねた。その結果，人事考課の判断基準，人材配置の適正化など四つの活用方法は，非正規職員に比べ正規職員への実施率が高かった。他方，採用時の判断基準，技能伝承のための手段については，正規職員よりも非正規職員への実施率が高かった。能力評価の実施の差は，前述のように機関種の別にも見られたが，活用方法の差については雇用形態の別で確認した。なお，本項目での検定方法は雇用形態を分ける設問については以降も同様とする。結果は人事考課の判断基準と採用時の判断基準に有意差を確認できた（表5-13）。能力評価は正規職員には人事考課，非正規職員には採用時の判断基準として機能していると考えられる。

表5-13　雇用形態別の能力評価の活用方法（複数回答）

正規職員N=79，非正規職員N=56

活用方法	雇用形態	機関数(%)	χ^2値(df=1)	活用方法	雇用形態	機関数(%)	χ^2値(df=1)
人事考課の判断基準	正規職員	67(84.8%)	38.98***	採用時の判断基準	正規職員	8(10.1%)	46.15***
	非正規職員	18(32.1%)			非正規職員	37(66.1%)	
人材配置の適正化	正規職員	35(44.3%)	2.69	人材戦略・計画の作成	正規職員	8(10.1%)	0.05
	非正規職員	17(30.4%)			非正規職員	5(8.9%)	
スタッフの能力開発の目標	正規職員	21(26.6%)	1.41	技能継承のための手段	正規職員	7(8.9%)	0.13
	非正規職員	10(17.9%)			非正規職員	6(10.7%)	

***$p<0.001$

　第二に，能力評価を実施している機関において，能力評価を行う際に資格を活用しているかを尋ねた。その結果，非正規職員（51.8%）の方が正規職員（35.4%）に比べ約16ポイント活用の比率が高く有意差を確認できた（χ^2値3.96，df=1，$p<0.05$）。回答機関では，先の能力評価の活用方法の設問とも相まって，特に非正規職員の採用時の判断基準として資格を活用していると考えられる。雇用形態別に具体的に活用している資格を尋ねたところ，司書資格（正規職員67.9%，非正規職員89.7%）が最も高い比率であった。

　第三に，能力評価を実施している機関において，能力評価を行う際に問題

があるかを尋ねた。その結果，正規職員が30.4%，非正規職員が28.6%であり，雇用形態の別に有意差を確認できなかった。さらに，雇用形態を分けずに具体的な問題の内容を5肢で尋ねた。結果は，公平な評価項目の設定が困難であること（57.5%），共通する能力評価の基準が未整備であること（42.5%）が上位を占めていた[10]。

第四に，雇用形態を分けずに専門図書館界に横断的な能力評価基準を作成するメリットがあるかどうかを尋ねた。結果は賛否がほぼ二分された。有意差はスタッフ数の多寡（表5-14）に確認できた。スタッフ数の増加に伴い，横断的な能力評価基準を作成することにメリットがあると感じていることがうかがえる。さらに，能力評価基準の作成にメリットがあると回答した機関に対し，その内容を6肢で尋ねた。その結果，教育訓練の基準として活用できる，自主的なキャリア開発支援に役立つなど四つのメリットは，スタッフ数が3-5人の機関で比率が最も高かった。また，能力評価制度の創設・改善に利用できる，就職希望者の能力を効果的に把握できるの二つは，スタッフ数の増加に伴いメリットと感じる比率が高くなっていた。有意差がスタッフ数の多寡によるものか確認した。結果は二つの項目に有意差が見られた（表5-15）。スタッフ数が多い機関では，能力評価基準を教育訓練の基準として活用したり，能力評価制度の創設や既存制度の改善に利用したりできることをメリットと捉えていることがうかがえる。

表5-14 スタッフ数別の横断的な能力評価基準作成のメリット

スタッフ数	機関数（%）	χ^2値（df=2）
1-2人 N=141	57（40.4%）	
3-5人 N=139	70（50.4%）	8.24*
6人以上 N=94	56（59.6%）	
計 N=374	183（48.9%）	*$p<0.05$

表5-15 スタッフ数別の能力評価基準作成の具体的なメリット（複数回答）

1-2人N=57, 3-5人N=70, 6人以上N=56, 計N=183

メリット内容	スタッフ数	機関数(%)	χ^2値 (df=2)	メリット内容	スタッフ数	機関数(%)	χ^2値 (df=2)
教育訓練の基準として活用できる	1-2人	34(59.6%)	9.92**	能力評価制度の創設，改善に利用できる	1-2人	5(8.8%)	6.32*
	3-5人	59(84.3%)			3-5人	15(21.4%)	
	6人以上	42(75.0%)			6人以上	15(26.8%)	
	計	135(73.8%)	**$p<0.01$		計	35(19.1%)	*$p<0.05$
自主的なキャリア開発支援に役立つ	1-2人	33(57.9%)	0.37	スタッフから評価制度の信頼を得やすい	1-2人	6(10.5%)	3.92
	3-5人	44(62.9%)			3-5人	14(20.0%)	
	6人以上	33(58.9%)			6人以上	5(8.9%)	
	計	110(60.1%)	n.s.		計	25(13.7%)	n.s.
就職希望者の能力を効率的に把握できる	1-2人	13(22.8%)	4.31	組織内の人事制度改革に応用できる	1-2人	2(3.5%)	3.77
	3-5人	18(25.7%)			3-5人	9(12.9%)	
	6人以上	22(39.3%)			6人以上	4(7.1%)	
	計	53(29.0%)	n.s.		計	15(8.2%)	n.s.

　能開調査の各項目[11]との比較を行う。第一に，能力評価の実施状況は，正社員に対しては55.0%，それ以外に対しては36.1%であり，専門図書館職員のいずれの雇用形態と比べても実施率は高かった。専門図書館での能力評価は，企業の事業所と比べて40%程度の実施率であった。能力評価の活用方法は，雇用形態を問わず人事考課の判断基準（80.9%），人材配置の適正化（59.0%）の順に比率が高かった。専門図書館での能力評価の活用方法も同じ順序であった。

　第二に，資格の活用状況は，正社員のみの活用率は35.1%，それ以外のみの活用率は1.2%であった。このほか正社員とそれ以外の両方の活用率が18.7%であることから本調査との単純比較は難しい。専門図書館では非正規職員に対する能力評価に資格を活用していると回答した機関の比率が51.8%であり，この点が能開調査と異なっていた。能開調査で活用している資格は国家資格が最も多かった。専門図書館にも雇用形態を問わず国家資格である司書資格の活用比率が最も高く，同様の傾向を示していた。

　第三に，能力評価を実施する際，雇用形態を問わず問題を感じている機関が63.8%であった。専門図書館では，いずれの雇用形態とも30%前後であ

り，企業の事業所ほど問題を感じていなかった。問題の内容は，雇用形態を問わず公平な評価項目の設定が困難（71.3%）が最も比率が高く，専門図書館も同じ状況であった。なお，横断的な能力評価基準作成に関わる項目は，本調査独自のものであり能開調査には含まれていない。

(5) 退職による職務の技能継承

雇用形態を分けずに団塊世代の退職等により，専門図書館職員が従事する職務の技能継承に問題があるかどうかを尋ねた。結果は，約35%の機関で問題があるとの認識が示された。有意差はスタッフ数の多寡（表5-16）と機関種の別（表5-17）に確認できた。スタッフ数の増加に伴い，職務の技能継承に問題が生じると考えていることがうかがえる。スタッフ数が少ないと1人で複数の職務を担うことになるため，技能継承に問題が生じる可能性が考えられる。しかし，複数のスタッフにより組織的に職務を行い分業化する方が，むしろ問題が生じやすいと捉えているようであった。2人程度の少人数で職務を担当している方が，職務の全体像を把握でき，互いにフォローし合える状況にあると考えているとも言えよう。このことは，機関種別のスタッフ合計数（正規・非正規）の平均値が比較的多い独立行政法人やその他団体といった公的組織において，より問題があると捉えられていることからも裏付けられる。

さらに，問題があると回答した機関に対し具体的に取り組んでいる内容を尋ねた。その結果，退職者の中から選抜して雇用延長や再雇用していると，伝えるべき技能をマニュアル化している比率が各40.3%で最も高かった。しかし，有意差はスタッフ数の多寡と機関種の別では確認できなかった。

表5-16 スタッフ数別の団塊世代の退職による職務の技能継承の問題

スタッフ数	機関数（%）	χ^2値（df=2）
1-2人 N=141	34 (24.1%)	
3-5人 N=139	50 (36.0%)	14.12***
6人以上 N=94	45 (47.9%)	
計 N=374	129 (34.5%)	***$p<0.001$

表5-17　機関種別の団塊世代の退職による職務の技能継承の問題

機関種	機関数（％）	χ^2値（df=8）
国（政府機関）N=35	13（37.1%）	
独立行政法人 N=66	36（54.5%）	
地方議会 N=48	1（2.1%）	
地方自治体 N=51	14（27.5%）	
私立図書館 N=88	31（35.2%）	38.55***
その他団体 N=26	12（46.2%）	
民間企業 N=47	18（38.3%）	
国際機関 N=5	2（40.0%）	
外国政府機関 N=10	2（20.0%）	
計　N=376	129（34.3%）	***$p<0.001$

能開調査[12]では技能伝承の取り組みを行っているかを尋ねており，問題の有無といった観点から回答機関の認識を問うていない。そのため，本調査との比較はできなかった。問題に対する取り組み内容については，選択肢のうち退職者の中から選抜して雇用延長や再雇用している比率（48.3%）が最も高かった。この点は，専門図書館における取り組み状況と同じであった。

5.3　聞き取りによる人材育成の状況調査

5.3.1　データの収集方法

聞き取り調査では，対象候補として調査項目の回答で「実施している」「問題あり」を選択している項目が多く，さらに具体的な内容を問う項目でも複数の選択肢を選んでいる13機関を抽出した。その際，機関種のバランスに配慮した。このうち，協力が得られた6機関に対し，聞き取り調査を実施した。表5-18では対象機関の概要を示した。

表5-18 聞き取り調査機関の概要

記号	機関種	聞取時期	正規	非正規	計
A	民間企業	2016年3月	5	0	5
B	国際機関	2016年3月	1	3	4
C	国（政府機関）	2016年3月	3	2	5
D	国（政府機関）	2016年3月	26	4	30
E	その他団体	2016年3月	0	11	11
F	地方自治体	2016年5月	0	6	6

（注）正規・非正規は職員数を示している。

聞き取り調査は，1機関あたり60分程度で半構造化インタビューによって実施した。本調査では，表5-1に示した質問紙調査の8項目（問1～問8）をもとに，それぞれの状況を尋ねた。聞き取り調査では，機関名と担当者名が特定されないよう配慮することを協力機関に説明し，了承を得た上で聞き取り内容を録音した。後日，その内容を文字に起こしテキストデータを作成して分析を進めた。

5.3.2 データの分析方法

分析には，質問紙調査の自由記述や聞き取り調査の記録といったテキスト型（文章型）のデータを計量的に分析する方法である計量テキスト分析を用いる[13]。この方法は内容分析の考え方に基づいている。分析にはフリーソフトウェアのKH Coderを使用する。

まず，テキストデータに対して形態素解析を施し単語に分解した。その際，検討にあたり重要な語となる「OJT」「Off-JT」「自己啓発」「人材育成」「非正規」「研修会」「レファレンス」「基本的」については，1語として抽出した。また，分析にあたり調査者が発する感動詞や副詞などは抽出から省いた[14]。以降ではこうして抽出された語の中でも頻出語を検討していく。

次に，対応分析を行い，前述した8項目を外部変数とし，それぞれの質問項目に特徴的な語が，聞き取り調査でどのように用いられているかを確認した。以上の過程を通して専門図書館職員の人材育成の状況を検討していく。

5.3.3 データの分析結果

図5-1では，6機関で実施した聞き取り調査のテキストデータに前述の8項目をグループ化して見出しを付し，各グループでどのような語が頻出しているかを示した[15]。対応分析では，原点（0，0）の付近に出現パターンに取り立てて特徴のない語が，原点から離れるほど特徴的な語がプロットされる。原点から見てグループの方向に布置されている語は，そのグループに特徴的な語であり，当該グループで特に多く出現していたことを示している。また，語の位置関係を見ることで，どの語とどの語が一緒に使われる傾向にあるのかを把握できる。対応分析は，分析結果を二次元の散布図によって視覚的に表現できるため，図5-1で示したような同時布置が可能となる。そのため，グループ間の位置関係を見ることで内容が似通っているグループを読み取ることができる。

以上の特徴を踏まえて聞き取り調査の結果を分析する。図5-1に布置された外部変数の状況を見ると，次の4点を指摘できる。なお，聞き取り調査から抜粋した発言は括弧で括った。その後ろに記したアルファベットは表5-18に示した発言者が属する機関の記号を表している。

第一に，原点から見ておおむね右上方向には，能力評価に関わる項目に特徴的な語が布置されていることがわかった。具体的には，「能力」「評価」「難しい」「実施」「基準」「資格」「司書」「活用」のように，能力評価の実施状況や，尺度として想定している資格を把握できる語を確認できた。実際の聞き取り調査では，「ライブラリアンの資格を，もう少し国として持ち上げて底上げしていったほうがいいんじゃないかなと思うんですよ」(A)，「客観的な基準というのがなかなか難しい」(D)，「司書とか，そういう資格的なものも，もちろんあったほうがプラスにはなる」(F)といった発言が見られた。

第二に，原点から見ておおむね左上方向には，職場外で組織の指示によって，あるいは自らの意思によって実施される教育訓練に関わる項目に特徴的な語が布置されていることがわかった。具体的には，「研修」「出る」「勤務」「時間」「参加」「関係」のように，職務に関わる研修に参加している状況が

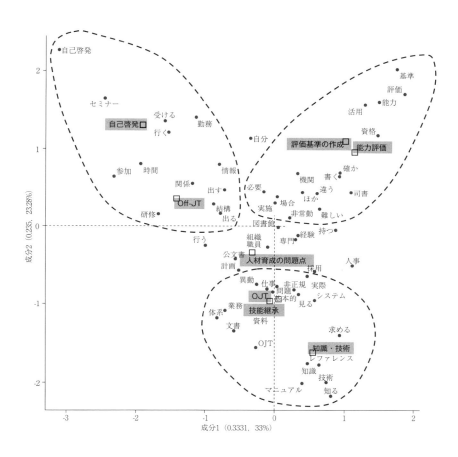

図 5-1　調査項目と頻出語の対応分析

把握できる語を確認できた。実際の聞き取り調査では，「著作権法なんか，だいたい2年ごとに変わったりしますので，（中略）結構研修に出るように努めてはいます」（C），「勤務時間中に研修会に参加しても勤務したことにします」（B），「アーキビストの関係の仕事をされている方とかが参加される研修会」（F）といった発言が見られた。

　第三に，原点から見ておおむね右下方向に職務の遂行に関わる項目に特徴的な語が布置されていることがわかった。具体的には，「実際」「異動」「シ

ステム」「知識」「レファレンス」「マニュアル」などの語であった。これらの語から，職務の実践を通じて，あるいは退職や異動等に伴って，その進め方や必要となる知識をどのように伝えているかを把握することができた。実際の聞き取り調査では，「電子ジャーナルの使い方，提供の仕方というのが実際にそれを見ながら，使ってみて」(B)，「新しく異動してきて，どうだわかんないだろうみたいな，やっぱり，ちょっと感じられることがあり」(D)，「図書館システムの知識というか，どうやって使うか，（中略）見ただけではわかりませんので」(E)，「レファレンスをどうやるかみたいなマニュアルもありますし，（中略）日々対応を見て進歩していっていただくという感じ」(C) といった発言が見られた。

　第四に，グループ間の位置関係を確認する。図5-1の横軸，すなわち左右の位置関係に着目すると，点線（筆者加筆）で囲われた3点の括りの中でのグループは，いずれも近い場所に布置されており，得られた回答内容は比較的似通っていたと言うことができる。

　なお，原点付近にプロットされた人材育成の問題点は，多様な事情から特徴が見出せなかったと考えられる。

5.4　本章のまとめと考察

5.4.1　人材育成の状況

　まず，質問紙調査によって明らかになったことを述べる。人材育成の方法は，OJT，Off-JT，自己啓発への支援すべてにおいて，正規職員と比べて非正規職員の実施率が低かった。有意差は，OJTについてはスタッフ数の多寡と機関種別に，Off-JTについてはスタッフ数の多寡と機関種別の正規職員に確認できた。さらに，自己啓発への支援については雇用形態の別とスタッフ数の多寡の正規職員，および機関種別の非正規職員に有意差が見られた。能開調査との比較では，企業の事業所の正社員とそれ以外の実施状況は専門図書館職員と同じ傾向であった。ただし，いずれの方法も実施率は正社員に比べて正規の専門図書館職員の方が低かった。雇用形態別に見た自己啓

発の支援内容については，受講料等の金銭的支援に有意差を確認できた。これは，派遣や委託といった非正規職員の自己啓発に対する支援は，派遣会社や委託会社によって行われていると考えられるため，非正規職員に対する実施率が低くなったと推測できる。

　人材育成にあたり，約60%の機関で問題があると認識しており，スタッフ数の多寡と機関種の別に有意差を確認できた。要因として，スタッフ数の増加によって管理者の職務に対する要求水準が高まることが考えられる。問題の内容は，スタッフ数の多寡では人材育成をしても辞めてしまうに，機関種の別では人材育成の時間と予算の不足に，それぞれ有意差を確認できた。自由記入欄には，運営の外注化により長期的な人材育成が困難であることなどが挙げられていた。能開調査との比較では，企業の事業所に比べて専門図書館の方が問題の認識率は低かった。問題の内容は，指導人材と指導時間の不足が上位を占めており，専門図書館と同じ傾向であった。

　専門図書館職員が職務遂行の際に必要となる知識・技術については，程度の差は見られるものの約半数の機関が知らせていた。有意差はスタッフ数の多寡に確認できた。組織規模の拡大に比例し，職務の遂行に求められる知識・技術を知らせている状況が伺われた。

　能力評価については次の4点が明らかになった。第一に，能力評価の実施率は，正規職員に対して約20%であり，非正規職員と比べて高かった。有意差は雇用形態の別と機関種の別に確認できた。実施機関での活用方法は，人事考課と採用時の判断基準に雇用形態の別による有意差を確認できた。正規職員には人事考課，非正規職員には採用時の判断基準にそれぞれ活用されていると考えられる。第二に，実施機関での資格の活用率は，非正規職員に対して約50%であり，正規職員より約16ポイント高く，雇用形態の別に有意差を確認できた。活用している資格は司書資格であった。第三に，実施機関で取り組みに問題があるとする比率は，正規職員に対しては約30%，非正規職員に対しては約29%であり，雇用形態の別に有意差は見られなかった。第四に，図書館界に横断的な能力評価基準を作成することにメリットがあるとする比率は約50%であり，スタッフ数の多寡に有意差を確認できた。メ

リットがあるとする機関では，教育訓練の基準や，能力評価制度の創設や既存制度の改善に利用できる点を挙げており，これらの項目でスタッフ数の多寡に有意差が見られた。

能開調査とこれら4点との比較では，能力評価の実施率は専門図書館職員に比べて高かった。主な活用方法には，人事考課の判断基準と人材配置の適正化を挙げており，専門図書館と同じ傾向であった。資格の活用率は正社員のみより専門図書館の非正規職員の方が高かった。活用している資格の種類は，国家資格で専門図書館と同じ傾向であった。実施機関で能力評価の取り組みに問題があるとする機関は約64%であった。他方，専門図書館では，いずれの雇用形態とも30%前後であり，企業の事業所ほど問題を感じていなかった。

職務の技能伝承にあたり，約35%の機関で問題があると認識しており，スタッフ数の多寡と機関種の別に有意差を確認できた。スタッフ数が少ない方が技能伝承に問題が生じやすいと考えられるが，むしろ複数のスタッフにより分業することで問題が生じると捉えている。この点は，機関種別のスタッフ合計数（正規・非正規）の平均値が比較的多い独立行政法人など公的組織で問題があると認識している比率が高いことが裏付けとなっている。実施率の高い取り組み内容については有意差を確認できなかった。能開調査の具体的な取り組み内容のうち，雇用延長や再雇用が最多であり，専門図書館と同じ傾向を示していた。

次に，聞き取り調査では対応分析を行った結果，次の3点が明らかになった。まず，能力評価と評価基準の作成に関わる内容は似通っており，能力評価の進め方が難しいこと，司書資格が能力評価の尺度となることが読み取れた。これらは，質問紙調査の結果を裏付けるものとなっている。次に，職務遂行に求められる知識・技術の向上に関わる教育訓練は，職場からの指示か自発的かといった違いはあるが内容に共通点が多く，研修やセミナーへ参加する状況が伺えた。最後に，日常的に遂行する職務に求められる知識・技術，それらを職務の実践により向上させる教育訓練，さらには職務環境の変化に伴う技能伝承は内容が似通っていた。これらは，いずれも現在取り組む職務

に関わる内容であり相互に関連が深いと考えられる。

5.4.2　雇用と人材育成のあり方

　本章では，専門図書館職員の人材育成について，雇用形態，規模（スタッフ数），機関種の3点から検討してきた。ここでは雇用形態に焦点を絞り，専門図書館職員の人材育成のあり方を提示する。その理由には次の2点が挙げられる。

　第一に，質問紙調査の結果から専門図書館のスタッフ合計数の平均値（国を除く）は約4人であった。スタッフ数が多くはない状況下で，今後も非正規職員の比率が増えることを考慮すると，非正規職員にも正規職員と同等の職務遂行能力が求められてくる。そのため，非正規職員の基幹化が進行すると考えられるためである。

　第二に，こうした状況では，中長期的な視点に立ち非正規職員を戦力化し得るキャリア形成のあり方を検討する必要があると考えられるためである。しかしながら，質問紙調査で明らかになったように，非正規職員に対する教育訓練の実施率は正規職員に比べて低い。この背景には，非正規職員は有期雇用で勤続年数が短いため，教育訓練にかけた費用を回収できないことが考えられる。この点は，質問紙調査においても雇用形態の別は把握できないが人材育成の問題点として，人材を育成しても辞めてしまうことが挙げられており，根拠になり得るとも言える。前述のように，今後専門図書館においても非正規職員の比率が高まることを考えると，多様な雇用形態を想定したキャリア形成を可能とする制度の構築を目指す必要があるだろう。

　そこで，ここでは日本経営者団体連盟（当時）が企業を対象に提示した新たな雇用システム[16]を参照軸として，専門図書館職員の人材育成のあり方を検討する。組織運営には，営利・非営利の別を問わず目標の達成が求められる。そのため，組織の担い手となる人材の活性化が必要となる。同システムは，組織形態を問わず今後の人材育成の方向性を提示していると考えられることから検討に用いることにした。同システムでは，雇用形態と勤続年数の二つのベクトルをもとに，職務内容と人材育成の観点から，人材を3タイ

プに分けてグループ化している。

　図5-2ではその状況を示している。一つ目は，働く側も雇用する側も従来のように，雇用を長期継続するものと捉える「長期蓄積能力活用型グループ」である。このグループでの人材育成は，OJTを中心にOff-JTと自己啓発への支援を包括して積極的に行うとされる。二つ目は，必ずしも長期雇用を前提とせず，雇用する側の抱える課題に専門的熟練・能力で解決に導く「高度専門能力活用型グループ」である。このグループでの人材育成は，Off-JTを中心にしながら自己啓発への支援を行うとされる。三つ目は，働く側と雇用する側の多様な状況に対応する「雇用柔軟型グループ」である。具体的には，働く側には余暇時間の活用から専門的能力の活用までが，雇用する側には定型的な職務から専門的な職務までの遂行が想定される。このグループでの人材育成は必要に応じて行うとされる。

　この考え方をもとに専門図書館職員の人材育成のあり方を提示する。非正規職員は雇用柔軟型グループに位置づけられる。前述のようにこのグループには多様な働き方が想定されている。たとえば，サービス提供の中核を担う専門図書館職員には，教育訓練の機会を提供し専門性を高めることで高度専門能力活用型グループに移行できるようなキャリアも考えられる（図5-2　矢印①）。キャリア形成によって，専門的な知識・技術を修得した専門図書館職員の中には，長期雇用のもとで組織の課題解決に応えることを望む場合も想定される。勤務する機関種で2012年公布の改正労働契約法により，有期から無期労働契約に転換可能な場合には，長期蓄積能力活用型グループへ移行するキャリアも考えられる（図5-2　矢印②）。他方，当初よりこのグループに属する正規職員は，概して管理運営に関わる職務を担当する傾向にある。しかし，組織の要請と当人の希望に鑑み，サービス提供に関わる職務に専門性を発揮することでサービス提供の中核を担うことを想定したキャリアも考えられる（図5-2　矢印③）。その際，教育訓練においては，聞き取り調査の結果をもとに行った対応分析によってOff-JTと自己啓発への支援の内容が似通っていることを把握できたことから，合わせて検討することが望ましいだろう。

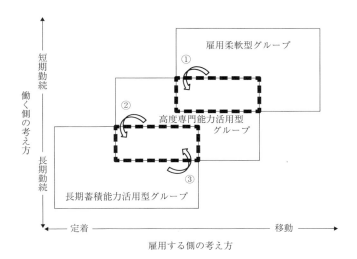

図5-2 雇用と勤続の観点から捉えた雇用形態

(出所) 新・日本的経営システム等研究プロジェクト編『新時代の「日本的経営」：挑戦すべき方向とその具体策』日本経営者団体連盟，1995，p.32.に筆者一部修正

　こうしたキャリア形成が可能となる制度を構築することで，専門図書館職員は各グループの重なり合った部分（図5-2の点線部分）への移行が可能となる。特に，雇用柔軟型グループに属する非正規の専門図書館職員に対し，こうしたキャリアパスを提供することで適切な処遇の実現に結びつくと考える。ただし，実際の適用にあたっては，同システムが企業の雇用や処遇に及ぼした影響を踏まえて，さらなる検討を進める必要がある[17]。

注・引用文献
1）厚生労働省『平成26年度能力開発基本調査』厚生労働省，2015，https://www.mhlw.go.jp/stf/houdou/0000079873.html，（参照 2024-07-30）
2）厚生労働省『平成27年度能力開発基本調査』厚生労働省，2016，https://www.mhlw.go.jp/stf/houdou/0000117304.html，（参照 2024-07-30）
3）このほか，地方議会12.8%，民間企業12.5%，国（政府機関）9.3%，その他団体6.9%，外国政府機関2.6%，国際機関1.3%と続く。（N=376）
4）このほか，その他団体5.0人，私立図書館4.6人，国際機関3.4人，外国政

府機関2.9人であった。
5) 前掲2), p.14.
6) たとえば, 専図協主催の各種研修では, イブニングセミナー, 資料補修セミナー, 教育プログラムが挙げられる。国立国会図書館主催の各種研修では, 行政・司法各部門支部図書館職員研修, 法令・議会・官庁資料研修, 資料保存研修などが挙げられる。各種図書館関係団体主催の研修では, ビジネス・ライブラリアン図書館推進協議会のビジネス・ライブラリアン講習会, 法律図書館連絡会の基礎講座などが挙げられる。
7) 前掲2) p.11.
8) 前掲2) p.21.
9) 前掲2) p.16.
10) このほか, 評価内容にばらつきが出ること (15.0%), 評価項目のコンセンサスが得られないこと (10.0%), 評価者の負担が大きいこと (7.5%) が挙げられた。(N=40)
11) 前掲2) p.22-25.
12) 前掲2) p.28.
13) 詳細は, 樋口耕一『社会調査のための計量テキスト分析：内容分析の継承と発展を目指して』ナカニシヤ出版, 2014, 237p. を参照。
14) たとえば, 検討にあたりノイズとなりそうな「なるほど」「はい」「そうですね」「思う」「今」「あと」「お話し」「みなさん」などが挙げられる。
15) データの概要は, 文章数4,354, 段落1,739, 総抽出語数54,694 (15,256), 異なり語数2,589 (2,056) である。括弧内は使用数。
16) 新・日本的経営システム等研究プロジェクト編『新時代の「日本的経営」：挑戦すべき方向とその具体策』日本経営者団体連盟, 1995, 210p. 参照はp.30-34.
17) 日本経営者団体連盟（当時）が提示した雇用システムは, 年功的処遇から雇用の流動化や成果主義型の賃金を普及させる契機となり, 企業経営の効率化が図られたと捉えることができる。他方, 非正規雇用の比重が増大し雇用不安が危惧されたり, 雇用の流動化の著しい進展によって組織への帰属意識が希薄になったりするといった弊害が問題視されている（北浦正行「「新時代の『日本的経営』」をめぐって」『連合総研レポート』No.295, 2014, p.13-16.）。こうした状況も十分に考慮した上で慎重に検討する必要がある。

＊本章は, 青柳英治「組織の側から捉えた専門図書館職員の人材育成」『日本図書館情報学会誌』Vol.67, No.1, 2021, p.32-50. を加筆・修正したものである。

第6章　専門図書館職員の認定資格制度

6.1　本章の目的と方法

　本章では，研究課題5「専門図書館職員を客観的に評価する仕組みをどのようにつくるのか」を明らかにする。そのために，図書館専門職員の認定資格制度のこれまでの状況を明らかにし，実現しなかった制度の課題を整理することを目的とする。検討対象は，図書館専門職員のうち，特に専門図書館職員とし，ホワイトカラー職種を対象に特定分野の職業に関わる能力を認定する資格（以下，職業資格という）を参照軸とする。そのため，取り上げる範囲は学校教育に関わる学歴（学士・修士・博士），特定企業における処遇制度としての資格などは除外する。

　本章では文献調査により検討を進める。まず，職業資格をめぐる背景の整理，定義と分類を行い，近年の研究動向を捉えた上で，図書館員に関わる資格を概観する。次に，専門図書館職員に関わる四つの認定資格を対象に，資格が検討・制定された経緯と資格の概要を整理する。さらに，専門図書館職員の能力開発のプロセスの中に認定資格を位置づけることの重要性を確認した上で，専図協による認定資格の検討プロセスを明らかする。最後に，実現に至らなかった認定資格の課題を整理して示す。

6.2　資格を取り巻く状況

　まず，職業資格をめぐる背景を整理した上で資格の定義，分類を行う。次

に，職業資格の中でも特に図書館員に関わる資格の状況を，近年の研究動向も含めて取り上げる。

6.2.1 職業に関わる資格
6.2.1.1 資格をめぐる背景

　ここでは，特に企業での勤務を想定し資格をめぐる背景を概観する。欧米，たとえばドイツでは，給与決定にあたりマイスターや専門労働者という社会的な資格が，企業の枠をこえた横断的な労働市場の形成に重要な役割を果たしてきた。他方，日本では資格をベースに横断的な労働市場が形成されているとは言えない[1]。日本の企業は，これまで組織内において長期的に人材を育成し活用を図ってきたため，職業能力を労働市場で横断的に通用させる必要性は生じてこなかった。また，経営者や管理者の人材供給も当該企業での内部昇進に依存していた。こうした終身雇用や年功序列による日本的雇用慣行によって，人材の流動化はほとんど進展せず，従業員に求められる知識や能力は特定企業内での評価にとどまった。そのため，対外的な評価を求めるまでには至らなかった[2]。

　しかし，1980年代後半以降，景気変動や労働力の高齢化，産業構造の変化などによって日本的雇用慣行も次第に変容していった。終身雇用の恩恵を受けてきた中高年ホワイトカラー層は，企業の中で余剰人員となる傾向にあり，雇用調整の対象として転進を援助する企業も見られるようになった。早期退職や出向といった雇用調整に対応するため，中高年ホワイトカラー層は社外でも通用する能力を修得することが求められた。資格はそのための強力な武器になると考えられた。資格を取得することで，組織に対する個人の交渉力を担保する役割，あるいは職業生活の安定を保障する保険としての役割を果たすことが期待されたのである。このように，企業の個人に対する管理のしかたと，企業の中での個人の働き方に変化が生じてきたことによって，資格が注目されるようになった[3]。

　企業と個人との関係変化に伴い，企業の人事管理システムにも変化が求められた。第一に，評価内容の変化である。今後は仕事に必要となる具体的な

能力の価値によって従業員を評価し，それに基づき給与や昇進を決める「評価の仕事化」が求められた。第二に，キャリア管理の仕組みの変化である。従来の年功をベースに管理職へとつながる安定的なキャリアから，専門的な職務と能力を重視した多元的なキャリアである「キャリアの専門化」が求められた。第三に，評価方法の変化である。仕事や能力を企業内で評価する仕組みから，社会的に評価を行う「評価の社会化」が求められた。こうした「仕事化」「専門化」「社会化」を進めるには次の三つの課題が考えられた。第一に社会的に通用する能力をいかに開発するか，第二に開発した能力が社会的に通用することをいかに評価するか，第三にそうした能力をもとにどのように脱組織型の働き方ができるかである[4]。

特に，第二と第三の課題に対応するには，従来のOJTを中心とした「企業主導型職業能力開発」の充実・改善に加えて，今後は「個人主導型職業能力開発」の推進を積極的にはかることの重要性が指摘された。個人主導型の職業能力開発を促進するには，自己啓発による能力開発の成果が正当に評価される職業能力評価制度を整備することが重要となる。この制度の重要な柱として資格が位置づけられた。この状況は図書館に関わる資格にも当てはまると言える。また，こうした制度が有効に機能することによって，労働市場の流動化も促進するとされた[5]。

6.2.1.2　資格とは

資格とは「ある事を行なうのに必要な，また，ふさわしい身分，地位，立場。また，必要とされる条件」であるとされる[6]。そのため，身分・地位と条件という二つの意味をもつことがわかる。この定義は広義であるため，職業資格を意識すると「一定の能力を習得したことを認定する称号」と言えよう[7]。

資格は経済学的に捉えると次の2点の役割を果たしている。第一に，労働者の能力を証明する点である。労働市場において労働力が売買される際，資格は労働能力に関する情報の不完全さを補うものとされる。第二に，個人に依存して提供される財やサービスの質を評価する手段となる点である。市場

で財やサービスが売買される際，買い手がその質を前もって把握できる有力な手段となり得る。さらに，派生的に次の2点の役割も生じている。第一に，資格は労働者の能力開発を促進する点，第二に，資格はその取得者の職業的な利益を保護し改善する点である[8]。

　資格は，表6-1に示したようにその認定・付与者と，職業上の機能という二つの基準によって体系的に分類できる。まず，認定・付与者の違いから，資格は国家資格，公的資格，民間資格の三つに分けられる。国家資格は，国家が法律によって与える資格と定義され，資格取得のための試験は国・都道府県，あるいはそれらの指定機関によって実施される。公的資格は，国家資格と後述する民間資格の中間型であり，資格付与の一定基準を諸官庁が認可し，それに関わる業務を外部の公益財団法人等の団体に実施させるものである。民間資格は，法律によって付与する資格ではなく，民間団体が任意に与える資格である。

　次に，職業上の機能の違いから，資格は業務独占資格と能力認定資格の二つに分けられる。業務独占資格は，資格がないと当該業務に従事できない資格である。さらに，資格の機能面に着目することで職種型と職務型に二分できる。前者は業務独占の範囲が大きな部分を占める場合，後者は業務独占の範囲が限られている場合である。能力認定資格は，一定の技能・知識を有していることを認定する資格であり，業務実施の可否と有資格者であるか否かには関係がない[9]。なお，表6-1では一般的な資格に加えて図書館員に関わる資格も含めて分類している。

表6-1 資格の分類

		資格の認定・付与者		
		国家資格	公的資格	民間資格
職業上の機能	業務独占資格 職種型	医師, 弁護士, 公認会計士	——	——
	業務独占資格 職務型	危険物取扱者	——	——
	能力認定資格	情報処理技術者, 司書資格	実用英語技能検定, 秘書技能検定, 情報検定	日商簿記検定, TOEIC, 検索技術者検定, ヘルスサイエンス情報専門員認定資格制度

(出所) 今野浩一郎, 下田健人『資格の経済学：ホワイトカラーの再生シナリオ』中央公論社, 1995, 194p.をもとに筆者作成. 参照はp.44.

6.2.2 図書館員に関わる資格
6.2.2.1 司書資格

わが国の公的職業資格（6.2.1.2の国家資格に相当）制度を歴史的に捉えると，1874年から始まったとされる[10]。司書は，1945年から1956年までの間に学芸員，社会教育主事，司書教諭などとともに文部省（当時）が所管する職業資格として創設された。これらは，当時新しい教育の領域を担当する専門的な職業資格として注目された。司書の資格は1950年制定の図書館法で定められた。資格の取得条件は無試験認定制であり，学芸員や社会教育主事なども含めて文部省所管の職業資格の特徴であった[11]。今日でもこの条件は変わっていない。司書の資格取得には，2008年に図書館法改正により，大学卒業の学歴要件を前提に文部科学省令で定める図書館に関する科目の履修，または講習の修了などが求められている[12]。

6.2.2.2 実施方法の違いから見た資格

図書館法では司書を公共図書館に置かれる専門的職員と規定し，前述のように司書の資格取得の方法を規定している[13]。そのため，大学図書館や専門図書館などの職員を対象とした資格とはなっていない。また，それら図書館の専門的職員を包括した資格制度も存在しない。そうした状況から，司書

資格は実態として公共図書館以外の図書館のための基礎資格の役割も果たしている。この点を改善するには，各館種における図書館員の資格と教育訓練体制の確立が求められる[14]。

図書館情報大学（当時）では，2002年に生涯学習セミナー「司書資格を考える—すべての館種の図書館に専門職員の資格と教育プログラムを」が開催された。パネルディスカッションでは，各館種の専門職員の資格を認定する取り組みが紹介された[15]。

以下では試験と認定の二つの方法を用いた図書館員の資格に関わる取り組みを示す。

(1) **試験による資格**

図書館情報学の教育・学習目標を設定し図書館員の知識水準を向上させ，評価体制を構築する方法として試験による資格付与が考えられる。1990年代には，「図書館学専門試験」や「司書の専門的知識の自己評価試験」が研究者個人によって提案された。前者は，日図協が図書館員に求められる専門知識とレベルを問う試験を独自に実施することで，合格者を専門職団体の考える専門職として図書館界に送り出すというものである[16]。後者は，司書に必要な専門的知識に関する試験問題に解答することで，それらの修得度を自身で判定するというものである[17]。

2000年代に入ると図情学会は，そのメンバーを中心に図書館員養成教育の問題を実証的に研究し，再構築のための提言を行うことを目的に科学研究費補助金（以下，科研費という）を得てLIPER（2003年度〜2005年度）を開始した。LIPERの提言では，図書館情報学教育の新しいカリキュラム案の提示と，「図書館情報学検定試験（仮称）」（以下，検定試験という）の実現可能性の検討の2点が提案された[18]。表6-2では提案された検定試験の基本的な考え方を示した。検定試験の目的に掲げられた「司書となる資格」とは，前述した図書館法に定められた司書の資格を取得するための条件を示している。それらに求められる専門的知識の修得の程度を検定試験として判定し評価結果を示すことで司書に関わる資格になり得ると考えられる。

表6-2　図書館情報学検定試験の基本的な考え方

(1)目的	現在の司書養成の多様な教育体制の存在を認めた上で,「司書となる資格」に求められる専門的知識の習得程度を判定し,司書有資格者の質の向上に寄与すること
(2)受験対象	司書資格を取得した者あるいは取得中の者
(3)試験方式	多肢選択式試験と記述式試験の併用(今後検討)
(4)出題分野	各館種に共通する専門的知識。LIPER提唱の情報専門職養成のためのコア領域科目に設定することが望ましいと考える
(5)評価方法	①総得点のみ,②総得点を示し合格点も設定。(今後検討)受験者が全体のどの程度にいるのかを把握できるようにする
(6)実施主体	日本図書館情報学会(単独,共同で別法人設立などは今後検討)
(7)実施方法	毎年4月に関東地方の大学を会場として実施(詳細は今後検討)

(出所)上田修一,根本彰「「情報専門職の養成に向けた図書館情報学教育体制の再構築に関する総合的研究」最終報告書」『日本図書館情報学会誌』Vol.52,No.2,2006,p.101-128. をもとに筆者作成

　LIPERでの提言を受け,図情学会では2006年度に臨時委員会を組織し検討が行われた。その結果,臨時委員会から「答申」として,図情学会が検定試験の実施に関わることは意義があるとする判断が示された。さらに,臨時委員会では,表6-3のように図情学会が検定試験を実施する場合の検討事項が提案された。その後,LIPERを受け継ぎ,科研費を得てLIPER2(2006年度～2009年度)が進められた。LIPER2では,LIPERによる提言の実現に向けて,臨時委員会が提示した三つの課題の検討,ならびに試験問題作成のノウハウを蓄積するため準備試験が実施された。LIPER2の取り組みは,さらに科研費を得てLIPER3(2010年度～2013年度)へと引き継がれた[19]。LIPER3では,検定試験の本格実施に向けて毎年公開で検定試験が実施された。しかしながら,2013年度まで実施された検定試験はいったん凍結することが決定された[20]。

表6-3 臨時委員会が行った日本図書館情報学会が検定試験実施に際し検討するべき事項の提案内容

(1) 目的：情報専門職としてのあるべき知識・技能の修得を判定することにより，情報専門職および情報専門職養成教育の質の向上に寄与する
(2) 受験資格：情報専門職に関心がある人すべて
(3) 出題領域：当面はLIPER最終報告の通りでよいが，将来的にはたとえば記録管理，アーカイブズ学，博物館学他の類縁領域との関連を考える
(4) 実施主体：問題作成の責任は学会が負うが，実際の試験の実施・事務手続については他の機関と協働，もしくは他の機関に委託して行うという形態を考慮すべきである
(5) 検討課題：①実施する際のコストや人的負担の詳細についての調査，②検定試験の効果についての調査，③将来的にさまざまな領域の情報専門職を網羅した検定試験として機能させるための類縁機関との協働

(出所) 日本図書館情報学会図書館情報学検定試験実施検討委員会編『図書館情報学検定試験準備試験報告書』日本図書館情報学会，2011，85p. をもとに筆者作成。参照はp.6.

(2) 認定による資格

　日図協は2010年から認定司書制度を開始した。発端は，1996年の生涯学習審議会社会教育分科審議会（当時）の「社会教育主事，学芸員及び司書の養成，研修等の改善方策について（報告）」において，専門性を評価するために名称付与制度が示唆されたことにある。日図協では，1998年からワーキンググループや特別検討チームを設置し，制度の実現に向けて10年以上にわたり検討を重ねた[21]。

　同制度の趣旨は，司書の専門性の向上に不可欠な図書館の実務経験をもち，実践的知識・技能を継続的に修得した者を，経営の中核を担い得る司書として日図協が公的に認定するものである。そうすることで，司書全体の研鑽努力を奨励するとともに，司書職のキャリア形成および社会的認知の向上に資することを目的としている[22]。新規で認定を受ける場合の申請要件を表6-4に示した。同制度における認定の要点は二つある。一つは研修とセットになっていることで「中堅ステップアップ研修」のような研修プログラムの受講で得られた知識の積み重ねを基礎としている点，もう一つは申請までの10年間に一定の要件を満たした著作を求めている点である[23]。審査は認定司書審査会が行う。認定証の有効期限は交付日から10年で希望者は有効期

間内に認定更新の審査を申請できる[24]）。

表 6-4　認定司書における新規認定希望者の申請要件

(1) 図書館法第2条に定める図書館に現在勤務しているかまたは過去に勤務経験を有すること
(2) 図書館法第4条に定める司書または司書有資格者であること
(3) 司書資格取得後，図書館法第2条に定める図書館での勤務経験（正規職員，会計年度任用職員，図書館業務受託企業勤務者等を含む）が合計10年以上であること（公共図書館以外の図書館，類縁機関の勤務経験も算入可），かつ過去10年間のうち少なくとも5年間は図書館法第2条に定める図書館での勤務経験を有すること
(4) 申請時までの10年間に研修受講，社会的活動等で一定の研鑽を重ねていること
(5) 申請時までの10年間に一定の要件を満たす著作を著していること
(6) 申請時までの10年間に「図書館員の倫理綱領」（日図協）等に違反していないこと

(出所) 日本図書館協会「第14期「認定司書」申請（更新申請を含む）を受け付けます」https://www.jla.or.jp/committees/nintei/tabid/1047/Default.aspx.（参照2024-07-30）

6.3　専門図書館職員に関連する認定資格

　ここでは，図書館関係団体による専門図書館職員を対象とした認定資格を取り上げ，資格が検討・制定された経緯と資格の概要を整理する。表6-5では各団体の概要を示した。取り上げる認定資格には，実現に至ったものに加え，実現に至らなかったものも含める。理由はこれまでの軌跡を取りまとめて記録に留めることに意義があると考えたためである。実現に至った認定資格には，INFOSTAが実施する「検索技術者検定」（以下，検索検定という）と，日本医学図書館協会（以下，医図協という）が実施する「ヘルスサイエンス情報専門員認定資格制度」（以下，ヘルスサイエンス制度という）を取り上げる。実現に至らなかった認定資格には，専図協が検討した「情報管理専門職（仮称）資格検定試験制度」（以下，情管制度という）と，病院図書室研究会（以下，病図研という，現　日本病院ライブラリー協会）と近畿病院図書室協議会（以下，病図協という）が検討した「病院図書館員認定資格制度」（以下，病図制度という）を取り上げる。

表6-5 図書館関係団体の概要

名称	設立年	目的	事業
一般社団法人情報科学技術協会（INFOSTA）	1950年	会員相互の協力により情報の生産・管理・利用に関する理論および技術の調査，研究開発を進めるとともに，これらの普及に努めること	・研修会，研究会等開催 ・検索技術者検定実施 ・表彰，出版活動 ・西日本委員会活動
特定非営利活動法人日本医学図書館協会（医図協）	1927年	保健・医療その他関連領域の図書館事業の振興ならびに情報の流通に関する調査，研究及び開発を推進することによって，図書館を利用するものがより広く，高度の知識を習得できるようにし，もって保健・医療その他関連領域の進歩発展に寄与すること	・出版物刊行 ・調査研究 ・情報の収集，提供，相互利用 ・研究会，研修会等開催 ・資格認定実施
専門図書館協議会（専図協）	1952年	官庁・地方議会・民間各種団体・調査研究機関・企業・大学その他の図書館，資料室，情報管理部門相互間の連絡と図書館活動の有機的連携をはかり，その向上と発展に資すること	・研修会，セミナー等開催 ・広報活動 ・出版物刊行 ・官庁資料の配布と公開 ・会員相互の協力，情報交換 ・海外関係機関との協力連携
日本病院ライブラリー協会（旧病院図書室研究会）（病図研）	1976年	日進月歩の医学医療界における病院図書室の向上，発展	・出版物刊行 ・研修会開催 ・調査活動 ・関係団体との交流協力 ・文献複写にかかわる著作権見解表明 ・会員相互の協力，情報交換 ・各種対応支援
近畿病院図書室協議会（病図協）	1974年	会員相互の協力・連携により病院図書館の充実に努め，医療人への適切な情報提供に寄与し，医療の発展に資すること	・資料の相互利用 ・教育，研修活動 ・出版，広報活動 ・共同リポジトリ事業 ・出版物刊行 ・統計調査 ・関係団体との交流

(出所) 各団体のウェブサイトをもとに筆者作成。(参照 2024-07-30)
　　　情報科学技術協会　　　　https://www.infosta.or.jp/
　　　日本医学図書館協会　　　https://jmla1927.org/
　　　専門図書館協議会　　　　https://jsla.or.jp/
　　　日本病院ライブラリー協会　https://jhla.jp/
　　　近畿病院図書室協議会　　http://www.hosplib.info/

6.3.1　検索技術者検定
6.3.1.1　経緯

　1970年代から普及し始めたオンラインデータベースは，1980年代に入ると本格的な活用段階に入った。INFOSTA（1986年6月以前は日本ドキュメンテーション協会）でも，研究会の一つとして1979年に日本オンライン情報検索ユーザー会（以下，OUGという）を立ち上げ，検索技術の向上・改善，サーチャーの養成などに取り組み始めた[25]。OUGの関係者による働きかけを契機として，INFOSTA内に情報検索資格制度（仮称）検討委員会（のちにデータベース検索技術者認定試験実施委員会に改称）が組織された。同委員会を中心に1985年，現在の検索検定の前身にあたる「データベース検索技術者認定試験」（以下，サーチャー試験という）の2級が開始され，翌1986年に1級が始まった。また，1987年にはサーチャー試験の合格者の集いである「サーチャーの会」が設立され，現在に至るまで定期的に勉強会を開催し相互交流を図っている[26]。

　1990年代に入ると情報通信技術の進展に伴い，エンドユーザーによる検索が普及し始めた。そこで，1993年にINFOSTAは，社会人や学生などを対象に情報検索の基礎知識を認定するため「情報検索基礎能力試験」（以下，基礎能力試験という）を開始した[27]。

　2000年代に入るとインターネットによる検索が一般化するに至り，専門図書館職員は従来にも増して信頼性の高い情報を選定・評価・加工する高度な技術が求められるようになった。他方，エンドユーザーは，多数の検索結果から適切な情報を見出すことが困難な状況に直面した。INFOSTAは，このような情報環境の変化に対応するべく，2003年にサーチャー試験の2級・1級を，情報検索応用能力試験（以下，応用能力試験という）2級・1級に改訂した[28]。

　その後も情報検索を取り巻く環境変化に合わせて，制度の見直しが行われた。具体的には，問題解決に必要となる分析能力を情報検索に組み合わせて評価できるよう，2014年度から基礎能力試験と応用能力試験が統合され，2023年度まで検索検定3級・2級・1級として実施された[29]。なお，検索

検定3級については，情報通信技術の進展に対応した試験方法とし，受験者の受験機会と受験会場を増やすために，2020年度からマークシートによる解答方式から会場型CBT（Computer Based Testing）方式に変更された[30]。さらに，2024年度から準2級が新設され，試験方法も2級，1級（一次）を含めて会場型CBT方式となった。なお，1級（一次）は面接試験により実施されている[31]。

6.3.1.2 概要

検索検定の目的は，企業・大学・組織等において研究開発やマーケティング，企画等のビジネスで必要とされる信頼性の高い情報を入手して活用できる情報プロフェッショナルを育成することである。表6-6では検索検定の種類を示した。3級は情報調査のリテラシー能力を検定するもので，上位の級へとつながる入門的な位置づけとなっている。準2級と2級，1級は情報プロフェッショナルとしての能力レベルを検定するものとなっている。受験資格については，3級と準2級は制限がなく，2級と1級は直近下位（2級は準2級，1級（一次）は2級，1級（二次）は1級（一次））の合格者であることが求められる。出題形式は，3級と準2級は選択式，2級と1級（一次）は記述式，1級（二次）はプレゼンテーションと口頭試問となっている[32]。表6-7では各級の試験範囲を示した。各級で求められる水準に応じて統一的な区分のもとで実施されている。

検索検定は，サーチャー試験として開始されて以降，情報検索に関する知識や技術を客観的に評価する試験として，約40年にわたり時代のニーズに合わせて変化を遂げてきたと言える。

6.3.2 ヘルスサイエンス情報専門員認定資格制度
6.3.2.1 経緯

医図協は，1992年に「本協会の今後のあり方について（提言）」を発表し，医学図書館員の専門性を向上させるための五つの提案を行った。その中の一つとして，ヘルスサイエンス制度の設置が挙げられた。その後の医学教育，

表6-6　検索技術者検定の種類

種類	内容
3級	対象：一般社会人，情報関係の授業を履修した大学生・専門学校生，図書館員等 問われる能力：ビジネスに必要とされる信頼性の高い情報を検索・入手して活用できる基本スキル
準2級 2級	対象：組織の情報検索業務従事者，自身で情報収集活動を行う人，情報関係の大学で情報活用の授業履修者，図書館員等 問われる能力：情報資源，データベース，検索システム，検索技術，情報要求者とのコミュニケーション能力，問題解決に関する知識。準2級では実際のビジネスの場で情報検索を行う際に必要とされる知識やスキル，2級では準2級の知識・スキルに加え各専門分野における情報検索を自身の経験等も踏まえてより高度に実践できる能力
1級	対象：組織の情報検索業務従事（経験）者，実務経験が豊富な人，情報活動に関する高い知識とスキルをもつ上級情報担当者等 問われる能力：準2級・2級試験で能力を確認できていることを前提とし，インフォプロとしての経験，考え方，マネジメントスキル，ユーザー教育，指導育成力，部門間調整力や問題解決力，プレゼンテーション能力

(出所) 情報科学技術協会「2024年度 検索検定」https://www.infosta.or.jp/wp/wpcontent/uploads/2024/07/jukenguide_2024_v2.pdfをもとに筆者作成。(参照 2024-07-30)

表6-7　検索技術者検定の級ごとの試験範囲

種類	範囲
3級	ビジネスの場・大学での学習・図書館等での情報サービスに必要とされる基本的な情報検索に関する知識，知的財産権，コンピューター・ネットワーク・情報セキュリティ等に関する知識
準2級 2級	情報資源・データベース・検索システム・情報要求者とのコミュニケーション・情報の分析と利活用・問題解決・コンピューター・情報セキュリティ等に関する知識，主題分野はライフサイエンス＆化学，特許，ビジネス，図書館情報の4分野。
1級	インフォプロ（情報専門家）としての知識，スキル，経験，考え方，マネジメントスキル，ユーザー教育，指導育成力，部門間調整能力や問題解決力，プレゼンテーション能力

(出所)「検索技術者検定の概要と試験範囲」『プロの検索テクニック第3版：検索技術者検定準2級・2級公式推奨参考書』樹村房，2024. 189p.をもとに筆者作成。参照はp.177。

医学研究，医療を取り巻く変化，およびインターネットを中心とした情報環境の急激な変化も手伝い，2000年から教育・研究委員会において具体的な検討が始まった。2003年に認定資格規程が整備され認定資格運営委員会が新設された。ヘルスサイエンス制度の創設によって，医図協には次の3点のメリットがあるとされた。① 新規入会希望者や現会員に利点を提示できること，

② 審査料収入が見込めるため財政に寄与できること，③ 医学図書館員の専門性を客観的に支援できることである。こうしたことも後押しとなり2004年に募集が開始された[33]。

　ヘルスサイエンス制度は，後述のように専門職能力開発プログラムの一部を構成する研修プログラムと密接に関連している。そのため，2016年に新たな専門職能力開発プログラムが開始されたことに伴い，2017年からヘルスサイエンス制度の認定方法も変更された[34]。

6.3.2.2　概要

　ヘルスサイエンス制度の基本理念は，個人が認定資格の取得を目指すことにより，ヘルスサイエンス領域にかかる情報の専門的知識，および技能，保健・医療情報サービスの管理，調整能力の向上を図ることにある。同制度は，地位や給与といった認定者の直接の利益を医図協が保障するものではなく，自己研鑽や自己啓発を支援することに重点をおく[35]。

　同制度は，米国医学図書館協会（Medical Library Association）のポイント制を基にした現行の認定資格制度をモデルとしている。申請ポイントの項目は，表6-8に示したように7領域で構成され，その内訳として専門性に関わる業績や，専門職としてふさわしい活動・業績を網羅する。このほか，表6-9に示したように3種のグレードをもち，グレードごとに認定に必要となるポイント数が定められ，5年ごとの更新（中級・上級）が課せられている。さらに，グレードごとに医図協が主催する研修会への参加が必須とされるなど，いくつかの要件を設定することで医図協による教育機会と認定資格との連携が図られている。申請は年2回受け付けており，認定審査は認定資格運営委員会で行い，理事会で承認し認定者を決定している。認定者には認定証が交付される[36]。

表6-8　ヘルスサイエンス情報専門員の申請対象となる7領域

Ⅰ．継続教育－図書館関連の学協会が主催・後援する教育目的の研修会などの受講 　例：医図協のコア研修，継続教育，学術集会の各コースなどの受講
Ⅱ．業績 教育－図書館関連の学協会が主催・後援する研修会講師などの教育活動 　例：医図協の継続教育や学術集会，認定資格運営委員会が認めた関連専門団体主催の研修会等の講師
Ⅲ．業績 出版活動－論文，記事，図書，報告書などの執筆活動
Ⅳ．業績 会議（学会・研究会）への参加－図書館関連の学協会が主催・後援する会議での発表，参加。 　例：医図協の学術集会の演者，国際レベルの会議の演者・ポスターなど
Ⅴ．業績 専門学協会活動への参画－医図協ほか図書館関連の専門学協会での委員・役員活動
Ⅵ．ヘルスサイエンス分野の図書館実務経験
Ⅶ．その他－司書資格などの図書館関連の資格，受賞経歴，学位など

（出所）日本医学図書館協会認定資格ポイント表 2022.5.23改訂，https://jmla1927.org/doc/nintei/point.pdfをもとに筆者作成。（参照 2024-07-30）

表6-9　ヘルスサイエンス情報専門員の認定要件

	有効期間	ポイント数	実務経験
基礎	永年	過去3年間に40ポイント以上	過去5年以内に通算2年以上
	その他要件：司書有資格，医図協コア研修の修了，倫理綱領に対する宣誓の署名		
中級	交付日から5年間	過去5年間に70（50）ポイント以上	5年以上
	その他要件：ポイント表「Ⅴ 業績 専門学協会活動への参画」で10ポイント以上取得，「専門職能力開発プログラム」のレベルⅠまたはⅡのモデル活動もしくは関連資格証明を3単位，TOEIC 540点相当の英語力，倫理綱領に対する宣誓の署名		
上級	交付日から5年間	過去5年間に100（70）ポイント以上	10年以上
	その他要件：ポイント表「Ⅴ 業績 専門学協会活動への参画」で20ポイント以上取得（うち医図協に関わる活動として5ポイント以上を含む），「専門職能力開発プログラム」のレベルⅠまたはⅡのモデル活動または関連する資格証明を6単位，TOEIC 730点相当の英語力，倫理綱領に対する宣誓の署名		

（注）ポイント数の（ ）内の数字は更新時に必要となるポイント数。実務経験はヘルスサイエンス分野の図書館あるいはそれに準ずる施設での経験。中級・上級の基本要件：基礎，中級または上級資格を取得していること（更新は有効期間内であること）
（出所）「認定資格「ヘルスサイエンス情報専門員」申請可能な資格と要件」，https://jmla1927.org/healthscience.php?q=186をもとに筆者作成。（参照 2024-07-30）

医図協の教育機会は専門職能力開発プログラムによって提供されている。医図協では，2008年に評議員会答申において，専門職として求められる知識とスキルの定義が不在であること，教育機会における格差が存在することな

ど是正すべき事項があるとの指摘を受けた。これを契機として，専門職能力開発委員会において見直しが検討され，2014年に「専門職能力開発プログラム最終報告書（提案）」として総会で承認された。新たなプログラムでは，ヘルスサイエンス領域の図書館員に求められる知識とスキルが明示され，新たに三つの研修プログラムも提示された。これらのプログラムは，参加者に研修・訓練・発表の各機会を提供しており，それらが各グレードで必要とするポイントに組み込まれることで認定資格と密接な関わりをもっている[37]。

6.3.3 情報管理専門職（仮称）資格検定試験制度
6.3.3.1 経緯

情管制度の検討は1990年代半ばから2000年代初頭にかけて進められた。この時期は，バブル経済の崩壊による不況下にあり，また情報通信技術が進展し始めたころであった。さらに，他館種とは異なる専門図書館職員の法的位置づけと養成に関わる状況があった。情管制度が検討された背景にはこうした3点の事情が関係していた[38]。

まず，経済不況である。専門図書館は，主に企業や団体といった親機関の事業活動に寄与し得る資料・情報を提供し，利用者も主に親機関の職（社）員である。そのため，親機関の経営状況に影響を受けやすい。この時期の専門図書館は，予算や人員の削減が問題となっていたことからも，そのことを裏づけていた[39]。情管制度は，専門図書館を維持していくために，専門図書館職員を資料・情報のスペシャリストとして客観的に認識できる仕組みをつくることで親機関の評価と信頼を得ようとした。

次に，情報化の進展である。インターネットの登場によって，利用者がアクセスできる情報は以前に比べて格段に増加した。半面，情報量の増加に伴い，利用者が必要とする情報にたどり着くことが困難な状況を生み出した。そのため，専門図書館職員は，溢れる情報の中で利用者を溺れ惑わせることなく，必要とする資料・情報を入手できるよう支援することが求められた。情管制度は，そのような知識や技術を専門図書館職員が持っていることを明らかにすることになると考えられた。

最後に，専門図書館職員の法的位置づけと養成の状況である。専門図書館職員には，前述した公共図書館で働く司書のように図書館法に規定された資格が存在しない。さらに，大学等における司書課程のような養成の仕組みもない。専門図書館に関する教育は，司書課程で開講される科目の単元の一つとして限定的に扱われているにとどまる。そのため，専門図書館の関係団体等を中心に独自の認定資格制度の設立が構想された。

6.3.3.2　概要

　専図協は，21世紀以降も組織を活性化し発展を持続していくために1992年に「専図協2000年ビジョン」をまとめた。このビジョンの中で新事業の一つとして情管制度が位置づけられた。1998年に専図協企画委員会の中に資格検定試験準備委員会（以下，準備委員会という）が設置され，情管制度の目的，種類，内容などの検討が進められた[40]。

　目的は，情報を扱う専門家として，広く基礎から応用までの知識レベルを判定し，専門図書館職員のレベルアップと社会的認知度のいっそうの向上を図ることであった。種類は表6-10に示したように初級・中級・上級の3種類とされた。対象とする情報管理専門職は，司書，サーチャー，情報処理技術者を包含し，マネジメント的要素も加えた情報プロフェッショナルとして位置づけられた。内容は表6-11に示したように12領域を問うものとされた。これらの領域は，準備委員会の委員長が認定資格制度に関わるシンポジウムで発言した内容を整理したものである。しかし，試験の種類と対応関係を成すまで検討は進まなかった。

　情管制度はその後検討に進展が見られなかった。制度の再構築が議論されたものの，具体化するまでには至らず，2005年度の専図協総会で検討中止が決定された。

表 6-10　情報管理専門職（仮称）資格検定試験の種類

種類	内容
初級	対象：図書館業務の未経験者，当該分野に興味を持つ学生と一般人 要件：図書・資料の分類，情報検索等の基礎的な知識レベルを保持していること
中級	対象：図書館情報学の学習者，サーチャー，図書館実務経験者 要件：より実務の向上に必要な知識レベルを保持していること
上級	対象：図書館実務経験者 要件：新しい時代の情報専門職として必要な知識・能力を保持していること

（出所）山本達夫「情報管理専門職（仮称）資格検定試験アンケート結果の報告」『専門図書館』No.176, 1999, p.26-31.

表 6-11　情報管理専門職（仮称）資格検定試験の内容

内容	細目
1) 情報の取り扱いに関する一般的知識	組織化，分類・索引など従来の図書館学に属するもの
2) 情報メディアに関する知識	
3) データベースを構築する知識	社内で発生する技術資料，ドキュメント，図面などのデータベース化
4) 情報技術に関する知識	コンピュータのハード，ソフト，言語等の一般的知識
5) 通信技術に関する知識	ネットワーク，インターネット
6) 利用者との関係に関する知識	インタビュー技術，レファレンス能力
7) 図書館・情報管理部門の運営に関する知識・能力	予算の立て方，経営管理能力
8) 情報管理法令・規定に関する知識	著作権法，図書館倫理
9) 情報関連産業に関する知識	
10) プレゼンテーション力	
11) 語学力	
12) 小論文	

（出所）長谷川昭子『専門図書館における現職者教育と個人の能力開発』風間書房, 2013, 388p. 参照は p.209.

6.3.4　病院図書館員認定資格制度
6.3.4.1　経緯

　病図制度の検討は，1990年代後半から2000年代初頭にかけて進められた。検討にあたっては，病院図書館や病院図書館員を取り巻く当時の二つの状況

が関係していた。一つは，資料・情報の電子化を始め図書館を取り巻く環境が変化する中で，病院図書館員の資質向上を図るために，体系的な教育・研修や継続教育のシステムを構築する必要があったことである。もう一つは，医療経営が厳しさを増し医療スタッフの専門分化が進む中で，病院図書館の基盤と病院図書館員の専門職としての位置づけを強固なものとし，医療の世界で病院図書館員の認知度を高める必要があったことである[41]。

　以上の状況により，病図研と病図協は，1997年，共同事業打ち合わせ会（後に共同事業運営会議に改称）において，病図制度の検討に取り組むことを決定した。両会は，検討班と認定委員会を設置し，病図制度に関する調査研究，制度の是非とあり方，資格の性格，教育プログラム，制度実施のプランなどを検討した。2001年，認定委員会は検討結果を取りまとめ両会の会長に活動報告と企画書を提出した[42]。しかしながら，その後，病図制度の実現には至らなかった。

6.3.4.2　概要

　病図制度の目的は，病院図書館員として必要な知識・技術を学び，情報環境の変化に対応できるよう基礎的知識の修得に役立てることである。種類は一つでグレードはない。対象は原則，司書資格をもつ両会会員で募集人数は年間20人である。内容は，1年間で表6-12に示した資格を認定するための修得課題を学びレポートを提出する。さらに，3日間のスクーリングに参加し，最終日に修得課題を踏まえた試験（小論文2題と医学用語の解説）を受ける。このほか，業務達成に関わるチェックリストによる自己評価なども行う。認定のための評価は新たに設ける評価委員会が行い，両会の会長によって認定され認定証が発行される。認定後は3年ごとにポイント制による資格の更新も行われる[43]。

　病図制度は次の考え方に基づいて検討された。まず，専門職として病院図書館員の役割を規定し，その役割を果たしているかどうかを認定資格によって判断することで病院図書館員の品質保証を行う。さらに，資格の更新と評価を義務づけることで病院図書館員の品質管理を徹底する。その結果，専門

職として社会的に認知され職業的なアイデンティティの確立につながるとされた。特に，品質保証にあたっては，病院図書館員が修得するべき課題，すなわち求められる知識・技術を明らかにし，それらの修得方法，ならびに修得したことによって何ができるのかを明らかにすることの必要性が指摘された[44]。

表6-12　病院図書館員認定資格のための主な修得課題案

科目	目的	細目
病院管理学入門	病院の組織や機能，役割を知る	医療保険制度，医療行政，病院の組織と運営，DRG/PPS，クリニカル・パス，ディスクロージャー，リスク・マネージメント，インフォームド・コンセント，病院管理，病院の定義，病院の業務，医療機能評価
EBM入門	エビデンスに基づいた医学情報を知る	EBMの歴史と現状，エビデンスをつくる，エビデンスを伝える，エビデンスを使う
病院図書館概論	病院図書館の機能・役割を知る	病院図書館の業務とサービス（施設管理，予算管理，図書委員会，収集と蔵書構築，統計と年次報告・スタッフマニュアル・病院図書館とネットワーク・広報・教育・評価），ライブラリアンシップ，User Study
情報とメディア	病院図書館で必要な情報を知る	資料の特性と種類，一次資料と二次資料，オンラインジャーナル等
目録・分類・件名	資料の整理業務を知る	目録ユーティリティ（Web-CAT）の活用，NLMC，MeSH，医中誌シソーラス
レファレンスの基礎知識	医学分野のレファレンスの基礎を知る	レファレンスツール，ケーススタディ，クイックレファレンス，地域の保健活動，本・人の調査，薬物・法律の調査など
二次資料・データベースの紹介と解説	文献検索の基礎を知る	MEDLINE・医中誌Web，看護文献・EBM・Cochraneなど医学関連分野の二次資料とデータベース
ドキュメント・デリバリー	情報を効果的に入手する方法を知る	相互貸借，オンラインジャーナル，著作権法
医学用語・医学概論	初歩的な医学用語・医学知識を知る	医学用語はテキスト指定の試験，医学概論は疾病概念・解説など
コンピュータ・リテラシー	コンピュータの基本的な仕組みを知る	基本的なハード・ソフトの仕組み，OS，アプリケーション，データファイル，プログラムソフトの活用
原典講読	英語文献の読解力をつける	課題論文を提示し，読んで抄録提出

（出所）首藤佳子「病院図書館員認定資格制度企画書を提出して：現実と理想の距離」『ほすぴたるらいぶらりあん』Vol.26，No.4，2001，p.338-348．

6.4 専門図書館職員の認定資格制度の検討

専門図書館職員の認定資格制度は，図6-1に示す能力開発のプロセスの中に位置づけることができる。以下では，このプロセスに沿って認定資格制度の重要性を確認した上で，専図協が2013年から3年間検討した認定資格制度の検討プロセスを明らかにする。なお，能力開発は，1.4で述べたように，組織による特定能力の開発を目指した個人への働きかけという意味合いで用いる。

図6-1　専門図書館職員の能力開発プロセス
(出所) 青柳英治，長谷川昭子『専門図書館の役割としごと』勁草書房，2017，312p.参照はp.76.

6.4.1　認定資格制度の重要性
6.4.1.1　ミッションの実現に向けた戦略の立案

組織は，経済不況や情報化の進展に対応するため，ひとの管理を「人的資源管理」へと変化させた。すなわち，ひとを，与えられた職務をこなした事実に対して賃金を支払うコスト要因ではなく，教育訓練投資によって能力を高めることで組織に競争優位をもたらす源泉と捉えるようになった。そのため，ひとの管理には組織の事業戦略との一貫性が求められるようになってき

た[45]）。こうした変化によって，組織は働くひとが組織の目標を達成することで，組織の発展に貢献できるような能力開発の仕組みをつくる必要が生じた。

　専門図書館は，設置母体である親機関の組織形態を問わず，前述のように直接的に営利活動を行うことはない。親機関の事業理念の実現や，そこで働く人たちの目標達成に役立つ資料・情報を提供することで，間接的に組織に貢献している。そのため，専門図書館は非営利組織の一つと位置づけられる[46]）。非営利組織は，それぞれに明確なミッションをもち，その実現に向けて何らかの事業活動を行っている。ミッションとは，組織が達成するべき究極の目標であり，組織が向かうべき方向を包括的に示すものである[47]）。専門図書館のミッションには，たとえば「資料・情報の提供による親機関への貢献」が考えられる。このミッションを達成する戦略の一つとして，「親機関での企画立案にかかる書類作成の時間短縮」が挙げられる[48]）。この戦略を実現するには後述する知識・技術が必要とされる。

6.4.1.2　求められる知識・技術と修得のための能力開発プログラムの体系化

　専門図書館職員の知識・技術に関する検討は1.3.1で述べたようにSLAにおいて，コンピテンシーと位置づけて行われてきた。コンピテンシーとは専門図書館職員に求められる知識，技術，態度，価値を意味する。SLAは，1996年版と2003年版においてコンピテンシーをProfessional CompetenciesとPersonal Competenciesに分けて捉えている。日本の図書館界では，Professional Competenciesを「職業的能力」，Personal Competenciesを「人的資質」と訳され定着しているため，コンピテンシーは「能力と資質」とされている。2003年版において，職業的能力では，情報部門，情報資源，情報サービスの各マネジメントと，情報ツールおよび技術の応用の四つの側面に関わる能力を求めている。人的資質とは，効率よく職務を行い，親機関・利用者・同業の専門職に積極的に貢献するための態度，技能，価値観であるとしている。2003年版では職業的能力と人的資質とを結びつけるものとして，核となる資質（Core Competencies）を設定している。さらに，2016年にも改訂

がなされた。

　日本では，1.3.1で示した先行研究と第2章で提示した成果をもとに，長谷川と青柳は後述する専図協による認定資格を検討する委員会の委員を務める過程で，専門図書館職員に求められる知識・技術のさらなる検討を行い表6-13のように提示した。この知識・技術は，両者の提示した能力と知識・技術を包括し，より大きな概念とすることで専門図書館職員に共通して求められる概念となっている[49]。今後は，専門図書館職員が，こうした知識・技術を修得できるような能力開発プログラムを立案の上，体系化することが求められる。

表6-13　長谷川と青柳の提示した能力と知識・技術に基づく専門図書館職員に求められる知識・技術

長谷川の提示した能力	青柳の提示した知識・技術	専門図書館職員に求められる知識・技術
1．自館の主題に関する知識と理解	1．主題知識の習得を容易にする事項に関すること	①親機関の主題分野の基盤となる知識・技術
2．資料の特性や使い方に関する知識・技術	2．図書館システムを用いた資料・情報の目録作成の方法に関すること	②資料・情報の提供に関すること
3．情報管理の法令に関する知識	3．閲覧サービスに関すること	
	4．レファレンスサービスに関すること	
4．電子情報や電子通信に関する知識・技術	5．資料・情報を電子化してイントラなどで提供すること	③資料・情報の発信に関すること
	6．利用者ニーズを満たし得るデータベースを作成すること	
	7．情報通信技術に関すること	
5．利用者への教育と支援に関する技能	—	④情報リテラシー教育に関すること
6．専門図書館のマネジメントに関する知識	—	⑤専門情報機関の価値向上に関すること
7．親機関の事業の理解と積極的な関与を行う技能		

（出所）運営委員会認定資格検討小委員会「専門図書員のための認定資格制度設立に向けて(3)：求められる知識・技術とポイント制の詳細」『専門図書館』No.268，2014，p.54．表1をもとに筆者一部改変

6.4.1.3 質保証が果たす役割

　専門図書館職員は，求められる知識・技術を修得していることを客観的に評価された上で，認定資格制度によって，その質を担保していくことが重要となる。なぜなら，資格は働く人たちに能力開発の機会を提供し促進するだけでなく，取得者に一定の能力を身につけたことを認定する「称号」となり，長期的には取得者の労働条件の維持・向上につながるからである[50]。

6.4.2　制度設計の検討

　専図協は，6.3.3で述べたように1990年代半ばから2000年代初頭にかけて情管制度を検討したが実現には至らなかった。その後，表6 - 14に示したプロセスを経ることで，新たに認定資格制度の検討を進めた。2013年10月に運営委員会の下に認定資格検討小委員会（以下，小委員会という）を組織し検討を開始した。筆者は当時，小委員会の委員の1人として制度検討にあたった。

　認定資格制度の検討が始まった背景には次の2点が挙げられる。第一に，専門図書館職員を取り巻く状況が情報通信技術の進展により変化し，そうした状況に適応するために，新たな知識・技術の修得が求められていること，第二に，6.3の検討で明らかになったように特定主題を対象とした認定資格制度は存在するが，専門図書館職員全体を対象とする制度は存在しないことである。新たに知識・技術を修得した者には，学習成果を公正に評価するためのシステムが必要となる。こうしたシステムとして，認定資格制度が機能することで専門図書館職員の自己研鑽とキャリア形成とに資することが可能になる[51]。

　小委員会は，2013年10月から11月にかけて図書館総合展[52]のフォーラム参加者と専図協の会員機関を対象に認定資格制度に関する意識を把握し，今後の検討に資するためにアンケート調査を実施した。その結果，回答者は認定資格に「自己啓発の目標となる」，「自己の専門性をアピールする材料となる」といったメリットを感じていることが明らかとなった。こうした状況を踏まえて，2014年2月に専図協の臨時総会において，認定資格制度を新事業

表6-14　認定資格検討小委員会での検討プロセス

年月	動向
2013.10	認定資格検討小委員会発足，検討開始
2013.10～11	第15回図書館総合展フォーラム（図書館総合展運営委員会主催，専図協主催）参加者と専図協会員機関にアンケート調査実施
2014.2	認定資格制度 臨時総会で新事業の一つとして承認
2014.8	先行制度を実施する団体との意見交換
2014.10	運営会議，委員長会議で認定制度の概要報告
2014.11	第16回図書館総合展 専図協フォーラムで制度説明とPR実施。フォーラム参加者にアンケート調査実施
2014.12～2015.2	受託会社に聞き取り調査実施
2015.5	現職者を対象に座談会実施
2015.7～8	意見募集実施
2015.9	小委員会で実現困難と結論。運営委員会で報告・確認
2016.3	運営委員会で小委員会の活動休止が承認

(出所)　運営委員会認定資格検討小委員会「専門図書館員のための認定資格制度設立に向けて」(1)～(8)，No.264～No.276，2014～2016をもとに筆者作成

の一つとして検討・実施することが承認された[53]。

　以降，小委員会は認定資格制度の検討を進めた。並行して2014年8月に6.3で述べた先行制度を実施する団体の担当者らとの意見交換，同年10月に専図協の運営委員会や委員長会議での認定資格制度の概要報告を通して内外へ周知を図った。同年11月に専図協は，図書館総合展でフォーラム「自分の価値を高めませんか？－専門図書館員のスキルを認定する－」を開催した。フォーラムでは，専門図書館職員の能力開発とスキル形成に認定資格制度を活用することの意義と課題が議論された。その中で，専図協が検討する認定資格制度の説明と周知も行われ，あわせて制度内容についてのアンケート調査も行われた[54]。

　専門図書館職員の非正規雇用率は，前述の二つのアンケート調査によると41.0％（2013年調査）と36.1％（2014年調査）であり低くはない状況である[55]。非正規職員は，第5章の質問紙調査の結果からも明らかなように，正規職員に比べて研修等の能力開発の機会が十分とは言えない。そのため，小委員会

は，2014年12月から翌年2月にかけて，専門図書館も含めた図書館業務を受託する企業等の担当者を対象に，認定資格制度の活用と評価について意向を把握するため聞き取り調査を行った[56]。さらに，小委員会は，2015年5月に若手と管理職層の専門図書館職員を対象に申請・認定要件，認定方法について意見把握のため座談会を実施した[57]。

　小委員会は，アンケート調査や聞き取り調査を通じて，多方面の関係者から意見聴取を行い2015年7月に制度案をまとめた。制度案を確定する上での参考とするため，さらに同年8月までウェブフォームなどによる関係者からの意見募集を行った。その結果，申請・認定要件，ポイント付与の対象となる研修事業について数件の意見が寄せられた。小委員会は，同年9月に一部の意見を反映した上で認定資格制度を確定し，実現の可否を総合的に検討した。その結果，実現は困難であるとの結論に至り，運営委員会で報告と確認が成された[58]。そして，2016年3月，運営委員会において2016年4月以降の小委員会の活動休止が承認された[59]。

6.4.3　制度内容の詳細

　ここでは，認定資格制度の最終案[60]をもとに内容の詳細を示す。制度の名称は，「専門図書館協議会　認定インフォプロ制度」（以下，インフォプロ制度という）とされた。専門図書館で働く者の呼称は多様であるが，SLAでは，2000年以降，インフォプロ（Information Professional）を用いる傾向にある。この背景には，情報通信技術の進展に伴う専門図書館の仕事の変化と，親機関から求められる役割の変化が挙げられる[61]。日本の専図協の全国研究集会などにおいても，しばしばこの呼称が用いられるようになってきた。こうした流れを踏まえて名称決定がなされた。認定を受けた者には認定番号を付与した認定証が交付される。

6.4.3.1　枠組み

　インフォプロ制度の目的は，主題分野を問わず専門図書館職員に共通して必要となる知識・技術を修得した者を，専図協が認定し資格を付与すること

によって，専門図書館職員の能力向上を図ることである。専門図書館が利用者に提供する主題分野は多岐にわたり各館で異なっている。そのため，主題分野に関する知識・技術は，主題分野ごとに存在する図書館関係団体の実施する研修等によって修得するとされた。インフォプロ制度では，主題分野に関わりなく資料・情報サービスの提供に共通して求められる知識・技術を修得することが目標とされた。インフォプロ制度の位置づけは，専門図書館職員の昇給や採用といった実利面を保障するものではなく，自己啓発を行う機会を提供し自己研鑽を支援するものとされた。この点は，先行制度のヘルスサイエンス制度と同様である。

　インフォプロ制度の認定対象者は，次のいずれかの機関に勤務しているか，または勤務していた者で特定主題に関わる資料・情報を扱うものである。具体的には，① 特定分野の資料を重点的に収集・整理・保管し，一定の人々の利用に供する図書館や機関，② 事業組織（官公庁，団体，公文書館，民間企業，大学，学協会，美術館，博物館，調査研究機関等）の中の資料情報部門（図書館，資料室，情報センター等）である。勤務時の雇用形態，司書資格の有無，勤務する機関が専図協の会員か否かは問われていない。

　資格の種類はグレードを設けず一種類である。グレードを設けることは，資格取得を希望する者の励みになり，モチベーションを高める手段ともなる。しかし，グレードを設定するには，各グレードで求められる能力を明らかにする必要がある。小委員会は，検討段階でそこまで行うのは困難と判断し，まずは主題分野に関わりなく共通して求められる知識・技術を修得することを重視した。

　申請要件は，過去8年以内に通算で5年以上の実務経験年数を有することとしている。インフォプロ制度は，これまで専門図書館等に勤務し今後も勤務し続ける者を想定しており，そうした者の能力向上に資することを目的としている。そのため，申請者には実務に携わっている（携わってきた）ことを実務経験年数によって客観的に確認することを求めている。また，「過去8年以内に通算で5年以上」とした理由は，後述するように認定水準を「初級と中級の間の知識・技術を修得している者」と設定したことに関係してい

る。小委員会は，実務で一通りの仕事を覚えるには3年は必要であり，「初級と中級の間」の水準の知識・技術を修得する場合は少なくとも5年は必要と判断したことによる[62]。先行制度のヘルスサイエンス制度も認定に際して実務経験年数を求めている。なお，実務経験年数を「通算」とした理由は，「連続」5年とすると申請要件を満たせない者が多くなると予想されたことによる。そこで，「通算」とし，経験年数に無職の期間が生じることを考慮して過去8年以内と幅を持たせている。このほか，出産や病気などによるやむを得ない長期休業については休業期間分を過去8年に加算できること，パートタイム勤務者のために30時間を1週と換算できることなどの措置を認めている。

6.4.3.2 認定方針

インフォプロ制度では認定水準を次のように規定している。資料・情報の収集・整理・提供に関して，初級は基本的知識を有すること，中級は十分な知識を有すること，上級は中級の水準に加えてマネジメント力を有し，親機関に対して積極的な関与を行う能力を有することとしている。認定水準は，これに基づき初級と中級の間の知識・技術を修得することを想定している。ただし，上級に相当する知識・技術を修得している者がこれまでの努力を成果として跡づけるために，インフォプロ制度の認定を希望する場合の申請を妨げてはいない。

認定方法はポイント制を採用している。ポイント制は，研修の受講，研究会での発表，図書館関係団体の役職経験など専門図書館職員の多様な活動を包括的に評価するものとなっている。専門図書館職員はこれまで研修等を受講することで能力開発を行ってきた。そのため，現在，専図協で実施する研修プログラムを活用することで制度の構築を図っている。表6-15ではポイントの対象期間，付与分野・ポイント数を示した。ポイント付与の対象期間には，申請時を基準に過去5年間の活動とする分野と，取得（受賞）時期を問わない分野の二つに分かれている。前者の分野は，一般にリカレント教育の要素が強く，比較的新しい知識や技術の修得を目的としている。そのため，

5年を超えると当時修得した知識や技術が陳腐化し，現状にそぐわなくなる可能性が高まり，現在の専門図書館職員に必要な知識・技術を備えているとは言い難くなる。後者の分野は，申請者のこれまでの努力や成果によって，知識や技術を修得していることを証明（顕彰）するものである。この分野に該当する司書資格や他の関連資格，学位などは過去5年以前に取得していることが想定されるため，取得（受賞）時期は問われていない。認定に必要となる総ポイント数は50ポイントである。ポイント付与の対象は9分野となっている。専門図書館職員が修得した知識・技術を幅広く認定するため，対象分野が広く設定されている。ポイントの付与に際しては分野間，ならびに分野内の項目のバランスに配慮している。講師経験や著作の執筆など上級に属するものも含んでいるが，認定の必須要件とはなっていない。上級者がこれまで取り組んできた能力開発を跡づけるために申請を行うことや，更新申請時にポイント対象分野となることを想定し設定されている。

　認定資格の有効期限は認定証の交付日から5年である。更新を希望する場合は，有効期間内に申請する必要がある。更新に必要となるポイント数は35ポイントで，このうち研修の受講に充てられるポイントは20ポイントまでとなっている。表6-16では一例として認定資格の初回と更新を想定した申請モデルを示した。認定審査料は，初回申請時では専図協会員は6,000円，非会員は12,000円，更新時ではそれぞれ4,000円，10,000円とされた。審査体制は別途に設ける委員会を中心に行い，申請1件あたり2名で審査し判定が分かれた場合にのみ合議とすること，申請者は結果を受け取った日から30日以内に異議申し立てができることとされた。

表6-15 インフォプロ制度のポイントの対象期間・付与分野・ポイント数

期間	分野	ポイント数	備考
過去5年間	(1)研修等の受講	・受講時間1時間：1ポイント	・専門図書館や専門図書館職員に関連した研修会・研究会，およびベンダーの行うセミナー等に出席し学習・実習したものが対象 ・専図協主催の研修の受講を中心とし，研修等の受講で取得できるポイントは最大35ポイントまで。他団体主催の研修等の受講は10ポイントが上限
	(2)講師経験	・1時間：2ポイント	
	(3)図書館関係団体の役職経験	・専図協の役職経験1期：10ポイント，左記以外1期：8ポイント	・1期はいずれも2年。役職の任期が1年の場合は半分のポイント
	(4)学会・研究会等への参加	・日本語による1発表：8ポイント，外国語による1発表：12ポイント	・図書館，および図書館情報学関連の学会・協会・研究会等が主催する研究大会，集会，会議等での口頭発表（シンポジスト，コーディネータ等も含む）が対象 ・共同による発表で発表者でない場合はポイントの対象外
	(5)著作	・図書 単著：40ポイント，共著：20ポイント ・論文 単著：20ポイント，共著 筆頭著者：15ポイント，共著 上記以外：7ポイント ・雑誌記事，解説，事例報告 単著：10ポイント，共著 筆頭著者：7ポイント，共著 上記以外：4ポイント	・図書館実務の改善，ならびに図書館情報学の発展に資する内容を含むものが対象 ・左記は日本語著作のポイント。外国語著作は1.5倍（自著に限る）。論文は査読付き原著論文に限定しない ・左記のほかに報告書，書評・資料紹介・参加記・見学記などにもポイント付与あり
	(6)他団体の認定する各種資格	・基礎・初級レベル：4ポイント ・中級レベル：7ポイント ・上級レベル：10ポイント	・申請は資格取得後1回に限り認める
期間不問	(7)司書資格	・8ポイント	・申請は資格取得後1回に限り認める
	(8)実務経験年数	・通算5年以上10年未満：4ポイント，通算10年以上：6ポイント	
	(9)その他	・修士の学位取得：20ポイント，博士の学位取得：30ポイント ・受賞歴：8ポイント	・学位は図書館情報学，および親機関の主題分野に関連するものが対象 ・受賞は図書館情報学，およびその関連（周辺）分野からの受賞に限定 ・申請は一つの受賞につき1回に限り認める

(出所) 運営委員会認定資格検討小委員会「専門図書館員のための認定資格制度（案）」『専門図書館』No.276, 2016, p.80-81. 表1をもとに筆者一部改変

表6-16 インフォプロ制度のポイント申請モデル

```
初回申請　モデル1：研修等の受講に重点を置いた申請モデル
(1)研修等の受講：専図協全国研　3回　　　　　　　　　　　　　　　@1p×6時間×3回=18p
　　　　　　　同イブニングセミナー等　6回　　　　　　　　　　　　@1p×2時間×6回=12p
　　　　　　　同見学会　5回　　　　　　　　　　　　　　　　　　　　　　@1p×5回=5p
(5)著作：『専門図書館』への共著（筆頭著者以外）による勤務先紹介執筆　1本　　@3p×1本=3p
(7)司書資格　　　　　　　　　　　　　　　　　　　　　　　　　　　　　　　　　　8p
(8)実務経験年数　6年　　　　　　　　　　　　　　　　　　　　　　　　　　　　　4p
　　　　　　　　　　　　　　　　　　　　　　　　　　　　　　　取得ポイント合計　50p

初回申請　モデル2：実務成果の発表に重点を置いた申請モデル
(1)研修等の受講：専図協全国研　1回　　　　　　　　　　　　　　　@1p×6時間×1回=6p
　　　　　　　同イブニングセミナー等　2回　　　　　　　　　　　　@1p×2時間×2回=4p
　　　　　　　同見学会1回　　　　　　　　　　　　　　　　　　　　　　@1p×1回=1p
(4)学会・研究会等への参加：日本語による口頭発表　1回　　　　　　　　　　@8p×1回=8p
(5)著作：『専門図書館』への共著（筆頭著者以外）による業務マニュアル執筆　2本　@3p×2本=6p
　　　　『図書館雑誌』への単著による見学記執筆　1本　　　　　　　　　　@7p×1本=7p
(6)他団体の認定する各種資格：INFOSTA検索技術者検定3級　　　　　　　　　　　　4p
(7)司書資格　　　　　　　　　　　　　　　　　　　　　　　　　　　　　　　　　　8p
(8)実務経験年数　11年　　　　　　　　　　　　　　　　　　　　　　　　　　　　 6p
　　　　　　　　　　　　　　　　　　　　　　　　　　　　　　　取得ポイント合計　50p

更新申請　モデル3：研修等の受講と役職経験に重点を置いた申請モデル
(1)研修等の受講：専図協全国研　2回　　　　　　　　　　　　　　　@1p×6時間×2回=12p
　　　　　　　同イブニングセミナー等　4回　　　　　　　　　　　　@1p×2時間×4回=8p
(3)役職経験：専図協の常設委員会委員　1期　　　　　　　　　　　　　　　　@10p×1期=10p
(8)実務経験年数　14年　　　　　　　　　　　　　　　　　　　　　　　　　　　　 6p
　　　　　　　　　　　　　　　　　　　　　　　　　　　　　　　取得ポイント合計　36p

更新申請　モデル4：役職経験と実務成果の発表に重点を置いた申請モデル
(3)役職経験：専図協の常設委員会委員　1期　　　　　　　　　　　　　　　　@10p×1期=10p
　　　　　　INFOSTAの常設委員会委員　1期　　　　　　　　　　　　　　　　@8p×1期=8p
(5)学会・研究会等への参加：日本語発表　1回　　　　　　　　　　　　　　　@8p×1回=8p
(6)著作：『情報の科学と技術』への書評執筆　1本　　　　　　　　　　　　　@7p×1本=7p
(8)実務経験年数　13年　　　　　　　　　　　　　　　　　　　　　　　　　　　　 6p
　　　　　　　　　　　　　　　　　　　　　　　　　　　　　　　取得ポイント合計　39p
```

(注) 冒頭の括弧付き番号は表6-15の分野に付された番号に対応している。
(出所) 運営委員会認定資格検討小委員会「専門図書館員のための認定資格制度（案）」『専門図書館』No.276, 2016, p.82.

6.4.3.3　研修事業との連携の重要性

6.4.1では，関連する先行研究をもとに検討することで専門図書館職員に共通して求められる5点の知識・技術を導き出した。専門図書館職員は，前述のようにこれまで研修等を受講することで能力開発を行ってきた。この点を踏まえ，インフォプロ制度においては，専図協が実施する研修プログラムを受講することで認定に必要となるポイントを得られる仕組みとなっている。

そのため，専図協は5点の知識・技術を修得できる研修プログラムを企画することが期待される。以上のことから，インフォプロ制度と専図協の研修事業は連携していくことが重要となる[63]。

具体的には，専図協の研修を受講した成果として，専門図書館職員は表6-17に示した職務の遂行が可能となることが期待される。たとえば，資料・情報の発信に関する知識・技術の修得が見込まれる「資料のデジタル化と公開に伴う著作権処理に関する研修」を受けることで，デジタルライブラリで資料を公開するための著作権処理ができるようになるといった具合である。このような研修を受講することで得られた成果は，専門図書館職員は何ができるのかを明らかにすることにつながっていくと考えられる。

表6-17 認定資格検討小委員会が提示した知識・技術と遂行が期待される職務との関係

	小委員会の提示した知識・技術	研修の受講によって遂行が期待される職務内容の一例
1	すべての主題分野に共通し基盤となる知識・技術	機関リポジトリの構築，オープンアクセス環境の整備，コンソーシアムへの加盟
2	資料・情報の提供に関すること	著作権・知的財産権，蔵書構築，資料・情報の組織化，検索技術
3	資料・情報の発信に関すること	ホームページやSNSを活用した情報発信，データベース構築，資料リストの作成
4	情報リテラシー教育に関すること	施設や契約データベースの利用方法の説明，資料・情報の探し方ガイドの作成，パスファインダー作成
5	専門情報機関の価値向上に関すること	管理運営（予算・企画・人材育成など），PR・広報，サービス評価，企画書・報告書の作成

(出所) 運営委員会認定資格検討小委員会「専門図書館員のための認定資格制度（案）」『専門図書館』No.276，2016，p.83。

6.5 本章のまとめと考察

6.5.1 認定資格制度をめぐるこれまでの状況

本章では，専門図書館職員に関連した認定資格を取り上げ，職業資格を参照軸として資格が検討・制定された経緯と資格の概要を文献調査によって明

らかにした．第一に，職業資格をめぐる背景を整理し，定義と分類を行った．その際，企業における資格を想定した．日本の企業では，これまで終身雇用や年功序列による日本的雇用慣行によって人材の流動化は進展せず，特定企業内での評価にとどまり対外的な評価を求めるまでには至らなかった．1980年代後半以降，景気変動や産業構造の変化によって日本的雇用慣行は変容し，特に中高年ホワイトカラー層においては社外でも通用する能力を修得することが求められるようになった．資格取得はそのための強力な武器になり得ると考えられた．職業資格は，「一定の能力を習得したことを認定する称号」と定義できる．資格は，認定・付与者と職業上の機能という2つの基準によって分類できる．この分類によると，図書館員に関わる資格である司書資格は国家資格で能力認定資格に，ヘルスサイエンス制度は民間資格で能力認定資格にそれぞれ該当することがわかった．

　第二に，専門図書館職員の関連資格を，実現したか否かを問わず4種類取り上げ，それらが検討・制定された経緯と概要を整理した．具体的には，実現に至った資格には検索検定とヘルスサイエンス制度を，実現に至らなかった資格には情管制度と病図制度を取り上げた．いずれの資格も実施の検討（検索検定は見直し）が始まった時期は1990年代であり，背景に経済不況と情報通信技術の進展があった．制度確立の目的には専門図書館職員の知識・技術といったスキル向上を目指すものであった．具体的には，情報プロフェッショナルの育成（検索検定），ヘルスサイエンス領域の情報の専門的知識の向上（ヘルスサイエンス制度），専門図書館職員のレベルアップと社会的認知度向上（情管制度），病院図書館員に必要な知識・技術の修得（病図制度）が挙げられる．認定資格制度では，専門図書館職員に求められる知識・技術を明らかにした上で，それらの修得が可能な教育訓練の機会が認定方法の一部として組み込まれていた．ヘルスサイエンス制度では，専門職能力開発プログラムにおいてヘルスサイエンス領域の図書館員に必要な知識・技術が明示され，それらの修得が可能な研修の機会が提供されていた．研修の受講は，認定に必要となるポイントに組み込まれており認定の方法と密接にかかわっていた．病図制度においても，病院図書館員の品質保証に際して求められる

知識・技術を明らかにし，それらを修得したことにより，できることを明示する必要性が指摘された。また，病図制度を除き認定にあたりグレードが設けられていた。

　第三に，認定資格を専門図書館職員の能力開発のプロセスの中に位置づけ，一連の流れの中で専門図書館職員の資質を保証することの重要性を述べた。具体的には次の2点である。① 親機関のミッションの実現に向けて専門図書館職員が職務遂行に求められる知識・技術を修得できる能力開発プログラムを立案・体系化すること，② 知識・技術の修得を客観的に評価し質保証することの重要性である。

　本章では，特に能力開発プロセスの中でも「専門図書館職員の質保証」に着目し，2013年から2016年まで専図協で検討されたインフォプロ制度の検討プロセスを明らかにした。まず，インフォプロ制度の枠組み（目的，位置づけ，対象者，種類，申請要件）を示した。さらに，認定方針（水準，方法，有効期限）を示した。最後に，専門図書館職員に共通して求められる5点の知識・技術の導出プロセス，専図協の研修プログラムの受講により知識・技術の修得がなされ認定に必要なポイントが得られることを示した。そのため，専図協の研修事業と連携することの重要性を述べた。

6.5.2　認定資格制度の課題

　本章では専門図書館職員に関わる認定資格のうち，実現に至らなかったものも取り上げた。表6-18では，実現に至らなかった認定資格について検討過程で示された課題を整理した。以下では，それらの課題に共通する3点を指摘する。

　第一に，誰を対象に何を認定するのかをより明確にすることである。対象者について，情管制度では司書，サーチャー，情報処理技術者を含めて捉えていた。インフォプロ制度では特定主題の資料・情報を扱う機関の勤務経験者で，雇用形態，司書資格の有無，勤務機関の専図協会員資格の有無は不問であった。認定内容について，病図制度では病院図書館に主題分野を特化していた。他方，インフォプロ制度では特定の主題分野を想定せず，すべての

表6-18 実現に至らなかった認定資格の課題

情報管理専門職（仮称）資格検定試験制度
(1)情報管理専門職を広く捉えていたため先行する認定資格と重複していること
(2)受験者を継続して確保できる市場規模ではないこと
(3)認定を行う機関の財政基盤や人員配置といった体制が未整備であること
(4)認定の前提となる教育制度が未整備であること
病院図書館員認定資格制度
(1)目的の設定にあたり主題分野を分けるのか司書資格制度全体で考えるのか整理する必要があること
(2)認定資格をつくっても受け皿としての職場が少ないこと
(3)新たな認定資格をつくってもそれを支える法的基盤がないと根づかないこと
認定インフォプロ制度
(1)制度の趣旨に関して関係者に共通理解を得られなかったこと
(2)認定する能力と対象者の範囲を明確に示せなかったこと
(3)認定機関となる事務局の体制が未整備であること

（出所）長谷川昭子「専門図書館職員のための認定資格制度」『専門図書館における現職者教育と個人の能力開発』風間書房，2013．388p．参照はp.333-338．，図書館情報大学生涯学習教育研究センター『すべての図書館に専門職員の資格制度を：大学，公共，専門，病院図書館と司書養成の現場から』図書館情報大学，2002．62p．参照はp.38-40．，運営委員会認定資格検討小委員会「専門図書館職員のための認定資格制度設立に向けて(8)：検討を終えて」『専門図書館』No.276，2016．p.71-75．をもとに筆者作成

　主題分野を包括していた。認定する対象と内容が広がることによって，制度の主旨が関係者に伝わりづらくなるおそれがあることを考慮する必要があるだろう。

　第二に，継続して受験者を確保できる体制を整えることである。この点は，一つ目の課題として挙げた対象者の範囲をどのように捉えるかにも関わってくる。インフォプロ制度では，認定資格を専門図書館職員の実利面を保障するものではなく，自己啓発を行う機会を提供し自己研鑽を支援するものと位置づけていた。他方，病図制度では，資格取得後の受け皿としての職場が少ないという指摘が見られた。長期的には認定資格が専門図書館職員の専門性を評価するシステムとして認知されて機能することで労働条件の向上にもつながり，ひいては安定的な受験者の確保に結びつくといった好循環を目指すことが望まれよう。

　第三に，認定機関の体制を確立することである。情管制度では，専図協の財政基盤や事務局職員数の配置が不十分であることが指摘された。インフォ

プロ制度では，2014年当時の事務局体制では本制度の維持運営が難しいことを指摘していた。情管制度の検討後，15年経過していたが，認定資格制度の運営を担える状況にはなっていなかった。認定資格制度の運営のあり方については，制度設計の問題と並行して検討するべき課題と言えるだろう。

注・引用文献

1) 今野浩一郎，下田健人『資格の経済学：ホワイトカラーの再生シナリオ』中央公論社，1995，194p，参照はp.2-34．
2) 宮下清『働き方改革をすすめる「ホワイトカラー資格」』中央経済社，2018，205p，参照はp.3-4．
3) 前掲1)
4) 前掲1)
5) 経済企画庁総合計画局編『職業構造変革期の人材開発：構造失業時代への処方箋』大蔵省印刷局，1987，249p，参照はp.113-116．
6) 『精選版 日本国語大辞典』コトバンクhttps://kotobank.jp/word/%E8%B3%87%E6%A0%BC-517181，（参照 2024-07-30）
7) 前掲1)，参照はp.36-68．
8) 前掲7)
9) 前掲7)
10) 辻功『日本の公的職業資格制度の研究：歴史・現状・未来』日本図書センター，2000，356p，参照はp.48．
11) 前掲10)，参照はp.214-216．
12) 図書館法第5条（司書及び司書補の資格）e-Gov電子政府の総合窓口 https://elaws.e-gov.go.jp/search/elawsSearch/elaws_search/lsg0500/detail?lawId=325AC0000000118，（参照 2024-07-30）
13) 前掲12)，参照は第4条（司書及び司書補）
14) 薬袋秀樹「図書館専門職員の資格認定試験制度」『病院図書館』Vol.22，No.3，2002，p.116-120．
15) 図書館情報大学生涯学習教育研究センター『すべての図書館に専門職員の資格制度を：大学，公共，専門，病院図書館と司書養成の現場から』図書館情報大学，2002，62p．
16) 河井弘志「「JLA図書館学専門試験」の提案」『図書館雑誌』Vol.88，No.5，1994，p.320-321．
17) 薬袋秀樹「「司書の専門的知識の自己評価試験」の提案」『図書館雑誌』Vol.93，No.3，1999，p.221．

18）上田修一，根本彰「「情報専門職の養成に向けた図書館情報学教育体制の再構築に関する総合的研究」最終報告書」『日本図書館情報学会誌』Vol.52, No.2, 2006, p.101-128. なお，LIPERは「情報専門職の養成に向けた図書館情報学教育体制の再構築に関する総合的研究」の英語名称（Library and Information Professionals and Education Reform）の略称である。
19）日本図書館情報学会図書館情報学検定試験実施検討委員会編『図書館情報学検定試験準備試験報告書』日本図書館情報学会，2011, 85p，参照はp.5-7.
20）根本彰『図書館情報学検定試験報告書』東京大学，2015, p.109，参照はp.3, p.69-71.
21）大谷康晴「日本における公共図書館職員の認定制度とその課題」『現代の図書館』Vol.43, No.1, 2005, p.26-33.
22）日本図書館協会「日本図書館協会認定司書審査規程」https://www.jla.or.jp/Portals/ 0 /data/iinkai/認定司書事業委員会/2017/kitei_ 7 _02.pdf, （参照 2024-07-30）
23）研修委員会「自分の価値を高めませんか？：専門図書館員のスキルを認定する」『専門図書館』No.270, 2015, p.47-61.
24）前掲22）
25）情報科学技術協会『INFOSTA：その使命と活動』https://www.infosta.or.jp/infosta_panf.pdf, （参照 2024-07-30）
26）固武龍雄「データベース検索技術者認定試験：この10年間をふり返って」『情報の科学と技術』Vol. 45, No.12, 1995, p.636-641.
27）前掲26）
28）情報科学技術協会『INFOSTAにおける新たな認定試験の実施について』https://www.infosta.or.jp/shiken/shin_shiken.pdf, （参照 2024-07-30）
29）「検索技術者検定の概要と試験範囲」『検索スキルをみがく：検索技術者検定３級公式テキト』原田智子編著，樹村房，2018, 144p，参照はp.123-127.
30）情報科学技術協会「「検索技術者検定」３級の試験方法が変わります」https://www.infosta.or.jp/wp/wp-content/uploads/2019/12/kensaku-kentei-3.pdf, （参照 2024-07-30）なお，会場型CBT方式とは全国にある指定された会場のコンピュータを利用して受験する試験方法である。
31）「検索技術者検定の概要と試験範囲」『プロの検索テクニック第３版：検索技術者検定準２級・２級公式推奨参考書』原田智子編著，樹村房，2024,

189p. 参照はp.176.
32) 情報科学技術協会「2024年度 検索検定」https://www.infosta.or.jp/wp/wpcontent/uploads/2024/07/jukenguide_2024_v2.pdf.（参照 2024-07-30）
33) 城山泰彦，酒井由紀子「ヘルスサイエンス分野にかかわる情報専門職」『情報の科学と技術』Vol.65，No.2，2015，p.60-64.
34) 日本医学図書館協会「認定資格「ヘルスサイエンス情報専門員」申請可能な資格と要件）」https://jmla1927.org/healthscience.php?q=186,（参照 2024-07-30）
35) 前掲23)
36) 前掲23)
37) 前掲33)
38) 長谷川昭子「専門図書館職員のための認定資格制度」『専門図書館における現職者教育と個人の能力開発』風間書房，2013，388p，参照はp.309-349.
39) 1998年に専図協が会員機関に行ったアンケート調査によると，予算削減（57.0%）や人員削減（25.0%）があったと回答している。機関誌編集委員会編「経済不況における専門図書館運営アンケート調査結果報告」『専門図書館』No.170，1998，p.11-13.
40) 山本達夫「情報管理専門職（仮称）資格検定試験アンケート結果の報告」『専門図書館』No.176，1999，p.26-31.
41) 首藤佳子「病院図書館員認定資格のための必要条件」『病院図書館』Vol.23，No.1，2003，p.17-22.
42) 前掲41)
43) 首藤佳子「病院図書館員認定資格制度企画書を提出して：現実と理想の距離」『ほすぴたるらいぶらりあん』Vol.26，No.4，2001，p.338-348.
44) 前掲41)
45) 上林憲雄ほか『経験から学ぶ人的資源管理』有斐閣，2010，382p，参照はp.3-25.
46) 青柳英治，長谷川昭子『専門図書館の役割としごと』勁草書房，2017，312p，参照はp.74-75.
47) 田尾雅夫，吉田忠彦『非営利組織論』有斐閣，2009，225p，参照はp.1-3., p.68-70.
48) 前掲46)
49) 運営委員会認定資格検討小委員会「専門図書館員のための認定資格制度設立に向けて(3)：求められる知識・技術とポイント制の詳細」『専門図書館』No.268，2014，p.52-59.

50) 前掲1）, 参照はp.40-44.
51) 運営委員会認定資格検討小委員会「専門図書館員のための認定資格制度設立に向けて(1)：小委員会設置とアンケート調査結果」『専門図書館』No.264, 2014, p.65-69.
52) 図書館総合展運営委員会が毎年10月下旬から11月上旬にかけてパシフィコ横浜で開催する図書館をテーマとする展示会。館種を超えた図書館界全体の交流・情報交換の場となっている。
53) 前掲51)
54) 運営委員会認定資格検討小委員会「専門図書館員のための認定資格制度設立に向けて(4)：フォーラムでのPRと今後の進め方」『専門図書館』No.269, 2015, p.55-58.
55) 前掲51), 54)
56) 運営委員会認定資格検討小委員会「専門図書館員のための認定資格制度設立に向けて(5)：聞き取り調査の実施と今後の課題」『専門図書館』No.271, 2015, p.54-56.
57) 運営委員会認定資格検討小委員会「専門図書館員のための認定資格制度設立に向けて(6)：座談会の開催と制度案の確定へ」『専門図書館』No.272, 2015, p.43-47.
58) 運営委員会認定資格検討小委員会「専門図書館員のための認定資格制度設立に向けて(7)：意見募集と今後の進め方」『専門図書館』No.274, 2015, p.47-49.
59) 運営委員会認定資格検討小委員会「専門図書館員のための認定資格制度設立に向けて(8)：検討を終えて」『専門図書館』No.276, 2016, p.71-75.
60) 運営委員会認定資格検討小委員会「専門図書館員のための認定資格制度（案）」『専門図書館』No.276, 2016, p.76-83.
61) 青柳英治「「若手育成基金」による会議参加報告書 ディジタル時代に求められる情報専門職の能力と資質：The 94th SLA Annual Conferenceを踏まえて」『専門図書館』No.201, 2003, p.65-76.
62) 豊田義博ほか分析「ワーキングパーソン調査2006：データ集」リクルートワークス研究所, 2007, 186p, 参照はp. 171. https://www.works-i.com/surveys/item/s_000086.pdf, （参照2024-07-30）によると正社員・正職員の男女全体の「一人前到達年数」は平均5.4年である。
63) 前掲60)

＊本章は, 青柳英治「図書館専門職員の認定資格制度：専門図書館職員を中心に」『経営論集』Vol.67, No.4, 2020, p.71-100.を加筆・修正したものである。

第7章　結論：専門図書館職員に必要となる知識・技術の特性

7.1　本書の総括

　本書の目的は，専門図書館職員の職務経験と人材育成の状況を明らかにし，これまで議論され，そのうちいくつかは実現した認定資格制度を整理して跡づけることで，専門図書館職員のキャリア形成と人材育成を検討することである。そのために研究課題を設定し各章で検討を行った。表7-1では，本書の研究課題とそれらを検討するために設定した各章の目的を示した。以下では研究課題ごとに本書の総括を行い，解明できたことをもとに成果を示す。

7.1.1　研究課題1　専門図書館職員の職務を構成する知識・技術

　本書の目的を明らかにするために，職務に着目し，研究課題1「専門図書館職員の職務を構成する知識・技術にはどのようなものがあるのか」を設定した。この研究課題を検討するため，第2章では，専門図書館職員の職務の実施状況を把握し，職務の構成要素となる知識・技術を明らかにすることを目的に質問紙と聞き取りによる調査を行った。

　質問紙調査は次の条件のもとで実施した。調査項目は，専門図書館で提供される情報サービスの状況を踏まえて22の職務を設定した。調査対象は，6機関種とし，『総覧』2009年版の掲載機関を核に前版2006年版も併用して1,023機関を抽出した。2011年5月から6月にかけて，前述の職務の実施状況（実施・一部実施・未実施）を調査した。その結果，有効回収数は584機関（有効回収率57.1％）であった。得られた回答は，機関種・スタッフ数・サ

表7-1 研究課題と各章の目的

着目点		研究課題	検討章	各章の目的
職務	1	専門図書館職員の職務を構成する知識・技術にはどのようなものがあるのか	第2章	専門図書館職員の職務の実施状況を把握し，職務の構成要素となる知識・技術を明らかにする
人材（専門図書館職員）	2	専門図書館職員はどのような職務を遂行することでキャリア形成を図っているのか	第3章	①専門図書館職員がこれまで従事してきた職務の把握を通して，どのようにしてキャリアを積み重ねてきたのかを明らかにし，それを踏まえて，今後のキャリア形成に必要となる条件を明らかにする ②その条件をもとに専門図書館職員のキャリアの方向性を検討する
プロフェッション性	3	専門図書館職員はプロフェッション性を満たし得るのか	第4章	①専門図書館職員の中でも，特に企業内専門図書館職員を対象とし，プロフェッション性を検討する ②その結果をもとに他の機関種をも含めた専門図書館職員のプロフェッション性を高めるための方策を提示する
組織（専門図書館）	4	専門図書館ではどのように専門図書館職員の人材育成を行っているのか	第5章	専門図書館職員を組織の側から捉えることで人材育成の状況を明らかにし，その結果をもとに専門図書館職員の雇用と人材育成の今後のあり方を提示する
評価の仕組み	5	専門図書館職員を客観的に評価する仕組みをどのようにつくるのか	第6章	図書館専門職員の認定資格制度のこれまでの状況を明らかにし，実現しなかった制度の課題を整理する

ービス対象者の別に職務の実施率から検討した。聞き取り調査では，質問紙調査で明らかになった実施率の低い発信型の7職務について，これらの職務を実施している機関を含んだ実施職務の多い上位17機関を対象とした。その結果，7機関から回答への協力が得られた。

質問紙と聞き取りによる調査から専門図書館職員の職務の構成要素となる知識・技術は，次のものであることが明らかとなった。

(1) 図書館システムを用いた資料・情報の目録作成に関わる知識・技術
(2) 閲覧サービスの基本・各機関固有の事項に関わる知識・技術
(3) レファレンスサービスの基本・各機関固有の事項に関わる知識・技術
(4) 資料・情報を電子化してイントラネットなどで提供する知識・技術
(5) 利用者ニーズを満たし得るデータベースを作成する知識・技術
(6) 情報通信技術に関わる知識・技術

(7) 資料・情報の使用方法の教育・指導（情報リテラシー）に関わる知識・技術
(8) 主題領域ごとの参考資料・情報・体系・流通状況に関わる知識・技術

7.1.2 研究課題2　専門図書館職員の遂行する職務とキャリア形成

　専門図書館職員は，こうした知識・技術をもとに親機関の情報ニーズに対応するべく職務を遂行していくことが求められる。そこで，実際に職務を遂行する人材である専門図書館職員に着目し，研究課題2「専門図書館職員はどのような職務を遂行することでキャリア形成を図っているのか」を設定した。この研究課題を検討するため，第3章では次の2点を目的とした。第一に，専門図書館職員がこれまで従事してきた職務の把握を通して，どのようにしてキャリアを積み重ねてきたのかを明らかにし，それを踏まえて，今後のキャリア形成に必要となる条件を明らかにすること，第二に，その条件をもとに専門図書館職員のキャリア形成の方向性を検討することである。そのために聞き取り調査を実施した。

　聞き取り調査の分析には質的研究法の一つであるM-GTAを用いた。分析対象の候補者は，図書館関係団体の機関誌に自身のキャリアや担当職務に焦点を当てた記事を執筆した者の中から，実務や部門管理を通算10年以上経験した23人とした。最終的に19人から協力が得られた。データは2013年8月から2014年8月にかけて，4点の質問事項をもとに半構造化インタビューにより収集した。分析は生データを解釈して概念を生成するオープン・コーディングと，概念同士を関係づけてカテゴリーとして収束化する選択的コーディングにより実施した。

　M-GTAによる分析結果から第一の目的を次のように明らかにした。専門図書館職員が従事する職務に必要となる知識・技術の構成概念を抽出し，それらをもとに専門図書館職員のキャリア形成のプロセスと，キャリア形成のプロセスに影響を及ぼす要素に方向づけた。その結果，今後の専門図書館職員のキャリア形成に必要となる条件は，次の七つのカテゴリー（<<　>>で括りゴシック体で表示）であることが明らかになった。専門図書館職員のキ

キャリア形成のプロセスから，<<専門図書館職員のもつ図書館情報学の知識基盤>>，<<間接サービスの基盤>>，<<直接サービスの基盤>>，<<情報サービスの付加価値化>>，そして<<自部門のマネジメント>>である。キャリア形成のプロセスに影響を及ぼす要素から，<<継続的な学びと修得>>と<<外部とのつながり>>である。

　第二の目的については，これらの条件をもとに専門図書館職員の認識と他者との相互作用といった現象面に比重を置くことでカテゴリー間の関係をもとに専門図書館職員のキャリア形成の方向性を検討した。その結果，次の二つの方向が明らかになった。一つは，サービス活動を基盤としたキャリア形成の方向である。具体的には，<<継続的な学びと修得>>から<<間接サービスの基盤>>と<<直接サービスの基盤>>を経て，<<情報サービスの付加価値化>>から<<自部門のマネジメント>>に至る方向である。もう一つは，自部門の内外の関係者とのコミュニケーション・ネットワーク構築を基盤としたキャリア形成の方向である。具体的には，<<継続的な学びと修得>>から<<外部とのつながり>>を経て<<自部門のマネジメント>>に至る方向である。

7.1.3　研究課題3　専門図書館職員のプロフェッション性

　専門図書館職員は，職務を構成する知識・技術をもとに日々の職務遂行を通してキャリアを向上していく必要がある。その際，プロフェッション性を備えていることが望まれる。そこで，プロフェッション性に着目し，研究課題3「専門図書館職員はプロフェッション性を満たし得るのか」を設定した。この研究課題を検討するため，第4章では次の2点を目的とした。第一に，専門図書館職員の中でも，特に企業内専門図書館職員を対象とし，プロフェッション性を検討すること，第二に，その結果をもとに他の機関種をも含めた専門図書館職員のプロフェッション性を高めるための方策を提示することである。そのために文献調査を行った。

　第一の目的については，先行研究から組織内プロフェッションが成立し得る状況にあることを示した。その上で，特に企業内専門図書館職員のプロフ

ェッション性を,ビジネスの世界における組織内プロフェッションの研究成果を援用することで検討した。具体的には,①組織内プロフェッションの四つの視点により捉えた定義から,②組織内プロフェッションの一形態であるプロフェッショナル・エンプロイーが能力と生産性を発揮するための五つの条件からそれぞれ検討した。その結果,①の定義からの検討については次の点が明らかになった。「企業などの組織に雇用」される点は定義を満たしていること,「職務に対する主体性」と「職務に対する専門性」をもつ点は一定程度の主体性を持ち合わせていること,「組織の中核として評価される人材」である点は評価を受けているとは言えないことである。②の条件からの検討については次のことが明らかになった。「親機関への貢献」と「職務内容」については条件が整っていること,「業績の評価」については評価される条件を確認したにとどまったこと,そのため,その延長線上にある「評価に基づく昇進」と「能力向上と金銭的誘因」については,実態として未だ条件が整っているとは言えないことである。

　第二の目的については,前述した組織内プロフェッションの定義と条件のうち,満たし得ていない点を検討することによって,他の機関種をも含めた専門図書館職員のプロフェッション性を高めるための方策を提示した。具体的には,① 専門図書館職員が「組織の中核として評価される人材」となり得るには,エンベディッド・ライブラリアンとして機能すること,②「業績の評価」については専門図書館職員の職務を構成する知識・技術を体系的に修得したことを客観的に証明できる認定資格制度を設立すること,③ こうした制度が設立されることで,専門図書館職員の「評価に基づく昇進」が可能となり,ひいては「能力向上と金銭的誘因」へとつながっていくことである。

7.1.4　研究課題4　専門図書館職員の人材育成

　本書では,第2章において専門図書館職員の職務を構成する知識・技術を,第3章において専門図書館職員がこれまで従事してきた職務の把握を通して,今後のキャリア形成に必要となる条件を明らかにした。専門図書館では,専

門図書館職員が職務に関わる知識・技術や条件を修得できるよう人材の育成を行う必要がある。そこで，組織（専門図書館）に着目し，研究課題4「専門図書館ではどのように専門図書館職員の人材育成を行っているのか」を設定した。この研究課題を検討するため，第5章では，専門図書館職員を組織の側から捉えて人材育成の状況を明らかにし，その結果をもとに専門図書館職員の雇用と人材育成の今後のあり方を提示することを目的とした。そのために質問紙と聞き取りによる調査を行った。

　質問紙調査は次の条件のもとで実施した。調査項目は，厚生労働省が実施する能開調査の「事業所調査」の項目を参照軸に8項目とした。調査対象は，9機関種とし，『総覧』2015年版の掲載機関を核に前版2012年版も併用して839機関を抽出した。2015年4月から6月にかけて，抽出した機関において実務ならびに管理的職務を担う人を対象に，組織として実施する専門図書館職員の人材育成について調査した。その結果，有効回収数は376機関（有効回収率44.8%）であった。得られた回答は，雇用形態別，および雇用形態ごとのスタッフ数別と機関種別にクロス集計を行い，各調査項目が雇用形態，スタッフ数，および機関種の差により，どのような影響を受けているのかを検定で明らかにした。また，各調査項目の検討では能開調査の結果を参照軸とした。聞き取り調査の分析は，KH-Coderを用いた計量テキスト分析により行った。候補は質問紙調査の回答で「実施している」「問題あり」を選択している項目が多く，さらに具体的な内容を問う項目でも複数の選択肢を選んでいる13機関とし，6機関から調査への協力が得られた。データは2016年3月と同年5月に8点の質問事項をもとに半構造化インタビューにより収集した。分析はテキストデータを形態素解析した上で対応分析を行った。

　質問紙と聞き取りによる調査から以下の状況が明らかとなった。質問紙調査の結果から，人材育成の方法は3種（OJT, Off-JT, 自己啓発）への支援すべてにおいて正規職員よりも非正規職員の実施率は低かった。人材育成に問題があると認識する機関が約60%であり，問題の内容はスタッフ数の多寡では人材育成をしても辞めてしまうに，機関種の別では人材育成の時間と予算の不足にそれぞれ有意差を確認できた。職務遂行の際に必要となる知識・技

術は50％程度の機関が専門図書館職員に知らせていた。能力評価について次の4点が明らかになった。第一に，正規職員に対する能力評価の実施率は約20％で非正規職員よりも高く，雇用形態と機関種の別に有意差を確認できた。第二に，実施機関のうち非正規職員への司書資格の活用率は約50％で正規職員よりも高く，雇用形態の別に有意差を確認できた。第三に，実施機関のうち能力評価への取り組みに問題があるとする比率は正規・非正規職員とも約30％であった。第四に，図書館界に横断的な能力評価基準を作成することにメリットがあるとする比率は約50％であり，スタッフ数の多寡に有意差を確認できた。職務の技能伝承にあたり問題があると認識している機関が約35％であり，スタッフ数の多寡と機関種の別に有意差を確認できた。

聞き取り調査の結果から，能力評価の進め方が難しいこと，司書資格が能力評価の尺度となることが読み取れた。また，職務遂行に必要な知識・技術を高めるために教育訓練の一環として研修やセミナーに参加する状況が見られた。さらに，職務遂行に必要な知識・技術，教育訓練，技能伝承は相互に関連が深いことが明らかとなった。

専門図書館職員の雇用と人材育成の今後のあり方については，経済団体が企業を対象に提示した雇用システム図を参照軸に雇用形態と勤続年数をもとに3グループ（雇用柔軟型・高度専門能力活用型・長期蓄積能力活用型）により捉えることで提示した。具体的には，各グループの重なり合った部分への移行が可能となることで，特に雇用柔軟型グループに属する非正規の専門図書館職員に適切な処遇を実現できる可能性を指摘した。

7.1.5　研究課題5　専門図書館職員を客観的に評価する仕組みづくり

専門図書館職員は，職務を遂行しながら組織が行う人材育成により必要に応じて知識・技術の修得を図っていく。専門図書館職員を客観的に評価し得る指標となるものが認定資格制度である。この制度を確立することで専門図書館職員の質を担保することにつながる。そこで，評価の仕組みに着目し，研究課題5「専門図書館職員を客観的に評価する仕組みをどのようにつくるのか」を設定した。この研究課題を検討するため，第6章では，図書館専門

職員の認定資格制度のこれまでの状況を明らかにし，実現しなかった制度の課題を整理することを目的とした。そのために文献調査を行った。

その結果，職業資格を参照軸に専門図書館職員に関連した認定資格が検討・制定された背景と資格の概要について次の3点を明らかにした。第一に，背景には1990年代の経済不況と情報通信技術の進展が挙げられること。第二に，検討対象とした四つの資格から専門図書館職員に必要となる知識・技術の修得が可能な教育訓練の機会が認定方法の一部に組み込まれ密接に関わっていたこと。第三に，専門図書館職員の能力開発の中に認定資格を位置づけ，資質を保証することの重要性を指摘したことである。特に3点目に着目し，2013年から2016年まで専図協で検討されたインフォプロ制度の検討プロセスを，枠組み，認定方針，専門図書館職員に共通して求められる5点の知識・技術，認定ポイントの観点から整理した。

これまで検討した認定資格制度のうち，実現に至らなかった三つの制度をもとに課題を整理した。その結果，次の3点が明らかになった。第一に，誰を対象に何を認定するのかをより明確にすることである。これにより，制度の主旨が関係者に伝わりやすくなる。第二に，継続して受験者を確保できる体制を整えることである。専門図書館職員の専門性を評価するシステムとして認知されることで労働条件の向上にもつながり，ひいては安定的な受験者の確保にも結びつくと考えられる。第三に，認定機関の体制を確立することである。認定資格制度の運営のあり方については制度設計の問題と並行して検討するべき課題と言える。

7.2 本書の成果

ここでは，これまで本書で明らかにできたことをもとに2点の成果を述べる。第一に，専門図書館職員のキャリア形成と人材育成を，相互に関連づけることにより系統立てて捉えられる点である。第二に，経験年数に応じて専門図書館職員に求められる知識・技術の種類の幅に経営学における管理者の能力の考え方を援用することで，重要度という視点からキャリア向上に応じ

た変化を読み取ることができる点である。

7.2.1 相互の関連づけと体系化

　本書の成果をもとに，専門図書館職員のキャリア形成と人材育成を一体化して，相互に関連づけることで体系的に捉えられることを示す。まず，第2章では専門図書館職員の職務を構成する八つの知識・技術を明らかにした。専門図書館職員は，それら知識・技術をもとに職務を遂行することで，キャリアを高めていく必要がある。第3章では専門図書館職員が遂行する職務の把握を通して，必要となる知識・技術を構成する概念を抽出した。それらの概念をもとに，カテゴリーを形成することで「専門図書館職員のキャリア形成のプロセス」と，「専門図書館職員のキャリア形成のプロセスに影響を及ぼす要素」の二つの方向を示すことでキャリア形成に必要となる条件をそれぞれ導出した。第2章で明らかにできた知識・技術と，第3章で明らかにできた知識・技術を構成する概念には，一定の対応関係を見出すことができる。表7-2ではその状況を示した。このことは，専門図書館職員は，職務を構成する知識・技術をもとに実際に職務を遂行しており，職務遂行の過程を通して抽出した専門図書館職員に必要となる知識・技術を構成する概念に反映されていると捉えられる。以上のことから，専門図書館職員のキャリア形成と人材育成との間に一連のつながりを認めることができる。

　次に，第4章では組織内プロフェッションの定義と条件をもとに，企業内専門図書館職員のプロフェッション性を検討した。定義のうち，「職務に対する主体性」と「職務に対する専門性」をもつ点の検討については，第2章で把握できた専門図書館職員の職務状況をもとに行うことができた。また，定義と条件を満たし得ない部分を考察することで専門図書館職員のプロフェッション性を高めるための方策を提示した。方策では，未整備の条件の一つである「業務の評価」の観点から，専門図書館職員を評価し得るシステムである認定資格制度を設立することの必要性を挙げた。そして，第6章で図書館専門職員の認定資格制度のこれまでの状況を明らかにし，実現しなかった制度をもとに課題を整理できた。これにより，今後，制度を検討する際の参

考に資することになるだろう。

表7-2 第2章の知識・技術と第3章の知識・技術を構成する概念との対応関係

職務の構成要素となる知識・技術	必要となる知識・技術を構成する概念
(1) 図書館システムを用いた資料・情報の目録作成にかかわる知識・技術	〈整理業務のシステム化〉
(2) 閲覧サービスの基本・各機関固有の事項にかかわる知識・技術	
(3) レファレンスサービスの基本・各機関固有の事項にかかわる知識・技術	〈電子ジャーナルの安定的供給〉
(4) 資料・情報を電子化してイントラネットなどで提供する知識・技術	〈新たな図書館サービスの創出〉
(5) 利用者ニーズを満たし得るデータベースを作成する知識・技術	〈新たな図書館サービスの創出〉
(6) 情報通信技術にかかわる知識・技術	〈新たな図書館サービスの創出〉
(7) 資料・情報の使用方法の教育・指導（情報リテラシー）にかかわる知識・技術	〈データベースの活用〉〈文献利用環境の整備〉
(8) 主題領域ごとの参考資料・情報・体系・流通状況にかかわる知識・技術	〈現物から得られた知識〉〈親機関の事業概要理解〉〈専門家から知識を獲得〉

7.2.2 専門図書館職員の知識・技術の重要度

　第3章で明らかにした専門図書館職員のキャリア形成の二つの方向性のうち，「サービス活動を基盤としたキャリア形成の方向」は実務に即した方向であり，「自部門の内外の関係者とのコミュニケーション・ネットワーク構築を基盤としたキャリア形成の方向」は企画・調整・交渉を含めた管理運営の方向と捉えられる。第2章で実施した質問紙調査では，スタッフ数は正規職（社）員と非正規職（社）員を含め2人以上3人未満の機関が最多（126機関（21.6%））であった。また，第3章では，カテゴリーの《自部門のマネジメント》を構成する概念である〈企画力と調整力〉を抽出する過程で，担当者が少人数であることが多いため，組織運営と利用者サービスの職務を並行して円滑に進める必要があることに言及した。以上のことからも，専門図書館職員は限られた人員で利用者サービスの提供から組織運営に関わる職務までを分担していると言える。

　ここでは，経営学における効果的な管理者のあり方を論じたカッツ（Robert L. Katz）の考え方[1]を援用し，第3章で明らかにした専門図書館職員に必要となる知識・技術を構成する概念とカテゴリーをもとに，特に重要度の視点から専門図書館職員の能力のあり方を示す。なぜなら，第3章では専門図書館職員の遂行する職務を通して経験年数も視野に入れたキャリア形成のプロセスを明らかにしたが，遂行する職務を重要度の視点から捉えて検討できなかったからである。カッツの考え方を援用する理由には次の2点が挙げられる。第一に，経験年数の高まりに応じた管理者のレベルと，レベルに対応した能力の重要度を把握できるため，第二に，専門図書館は非採算部門・非営利組織ではあるが，営利・非営利の別を問わず組織運営には管理的な能力が求められるためである。なお，1.3.1では先行研究で明らかにされた能力を本書で検討する知識・技術に相当すると考えた。この考え方に基づき，カッツによる管理者の「能力」を「知識・技術」に相当するものと見なす。

　カッツは管理者の基本となる能力を① テクニカル・スキル，② ヒューマン・スキル，③ コンセプチュアル・スキルの三つに分類する。①は特定の職務に関わる専門知識，手続など職務遂行に必要となる能力，②はコミュニケーションや調整，リーダーシップなどの対人関係能力，③は戦略策定や問題解決など状況を構造的・概念的に捉えて物事や問題の本質を見極める能力である[2]。図7-1ではカッツによる管理者に必要となる能力を，管理者レベル（縦軸）と相対的に見た能力の重要度（横軸）から示した。下層管理者は経営者に比べてテクニカル・スキルの重要度が高い。中間管理者から経営者へと管理者の職位が高まるに伴い，相対的にテクニカル・スキルの重要度が低下し，コンセプチュアル・スキルのそれが上昇する。経営者に求められる能力は，大半がコンセプチュアル・スキルとヒューマン・スキルとなる。ヒューマン・スキルはいずれの職位においても変化は見られず重要であることがわかる。カッツの考え方をもとに，図7-2では筆者が専門図書館職員に必要となる知識・技術を，管理者レベル（縦軸）と相対的に見た能力の重要度（横軸）から示した。①は第3章のカテゴリーの <<間接サービスの基盤>>，<<直接サービスの基盤>>，そして <<情報サービスの付加価値化>>が相当する。②は概念の <同業者とのコミュニケーション> と <外部での

人脈形成＞から成るカテゴリーの＜＜外部とのつながり＞＞が相当する。③は概念の＜メンバーへの統率力＞，＜企画力と調整力＞が相当する。なお，専門図書館は，スタッフが少数であるため，管理者のレベルをリーダーと責任者・統括者の二つに分けた。専門図書館では，スタッフ数の状況に鑑み，組織運営と利用者サービスの職務を1人で担当することも考えられる。そのため，企業等の管理者とは異なり，職位が高まってもテクニカル・スキルの重要度は著しく低下せず，その分コンセプチュアル・スキルの重要度は他の二つのスキルと比べてそれほど上昇しないと考えられる。専門図書館職員のキャリア形成については，経験年数の高まりも考慮に入れ，図7-2で示したような必要となる知識・技術の配分をもとに検討することが求められる。

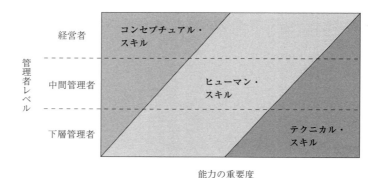

図7-1　管理者に必要となる能力

(出所) 宮下清『働き方改革を進める「ホワイトカラー資格」』中央経済社，2018, 205p. 参照はp.30.をもとに一部改変

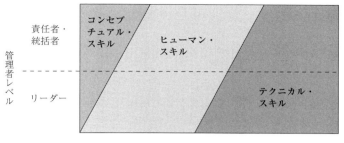

図7-2　専門図書館職員に必要となる知識・技術
(出所) 筆者作成

注・引用文献

1) Katz, Robert L. "Skills of an Effective Administrator" *Harvard Business Review*. January-February, 1955, p.33-42.
2) 前掲1), 稲山耕司「ミドル層開発のパラダイム・シフト」日本経営教育学会編『経営教育研究3：21世紀の経営教育』学文社, 2000, p.105-123., 宮下清『働き方改革を進める「ホワイトカラー資格」』中央経済社, 2018, 205p. 参照は29-32.

付録1：専門図書館職員の職務を構成する知識・技術に関わる調査依頼状・調査票

2011年5月吉日

資料・情報部門　ご担当者殿

明治大学文学部
青柳　英治（印略）

「専門図書館における資料・情報提供サービスに関わる職務内容調査」
のお願い

　拝啓　時下ますますご清栄のこととお慶び申し上げます。
　東日本東大震災におきまして，被災された方々には，心よりお見舞い申し上げます。
　近年，専門図書館を取り巻く環境は，経済情勢の低迷や情報技術の著しい進展などの影響を受け，たいへん厳しい状況にあります。こうした状況にあっても，専門図書館は，予算や人員など限られた資源を有効に活用することによって，組織内外の利用者の求める資料・情報を適時的確に提供することが求められています。
　専門図書館の機能を発揮するには専門的職員の養成が重要となります。しかし，専門図書館職員の養成に必要な知識・技術については，十分に検討されておらず，また，検討する際の前提となる情報サービスに関わる職務内容の現状についても，十分に明らかにされてきたとは言えません。
　そこで，この点を補うため，科学研究費補助金（課題番号：22500222）の助成を受け，別紙の調査を計画しました。本調査は，これまで取り組んできた専門図書館職員の職務内容についての研究の一環として計画しております。
　本調査では，国（政府機関），独立行政法人，地方議会，地方自治体，財団・社団法人，民間企業，国際機関，外国政府機関などに附設された専門図書館を対象に，これらの機関で提供されている情報サービスの実情を明らかにす

ることを目的としております。この調査で得られた結果をもとに，専門図書館職員の養成の基礎を成し，構成要素となる知識・技術を検討していく所存です。本調査は，専門図書館における職務のあり方，専門図書館職員の育成を検討するうえで，きわめて重要な基礎資料になると考えております。

　つきましては，ご多用中のところを誠に恐縮ですが，「記入要領」（※本書では未収録）をご参照の上，質問紙にご回答いただき，2011年6月15日（水）までに同封の返信用封筒にて，ご返送くださいますようお願い申し上げます。なお，質問紙にご記入いただきました内容は，統計処理による集計を行いますので，個別に機関名やご回答者名が公表されることはありません。調査結果の概要は，調査にご協力いただいた機関に，2011年12月頃お送りする予定です。調査についてご不明な点がありましたら，下記の担当者までお問い合わせください。ご協力のほど，お願い申し上げます。

敬具

　研究代表者　明治大学文学部　准教授　青柳英治　メール：*****@**.**.jp

専門図書館における資料・情報提供サービスに関わる職務内容調査

設置母体：(○をつけてください)　1．国（政府機関），2．独立行政法人，3．地方議会，
　　　　　7．その他の法人（　　　　　　　　　　），8．民間企業，9．国際機関，
資料・情報部門の公開状況：(○をつけてください)　1．公開，2．限定公開，3．非公開

	職務内容　■は記入要領を参照のこと
資料情報の収集・組織化	(1)　資料（図書，雑誌，新聞など）の選書
	(2)　商用データベース，電子ジャーナルの選定
	(3)　資料（図書，雑誌，新聞など）の保存年限の設定
	(4)　図書館システム等（エクセル，アクセスなどを含む）による図書や雑誌など所蔵資料の目録作成
	(5)　資料・情報部門の内外で作成される資料の収集と管理
	＜具体的な資料を記入してください＞

	職務内容　■は記入要領を参照のこと
資料・情報の提供	(6)　資料・情報の閲覧サービス
	(7)　窓口，カウンター（自動貸出機を含む）での資料の貸出・返却
	(8)　資料，文献の複写（セルフコピーを含む）
	(9)　資料の予約
	(10)　利用者からの問い合わせ（所蔵資料の確認を除く）に対する回答（レファレンス業務）
	(11)　所蔵・入手した資料・情報に加工・分析を施し利用者へ提供　■
	(12)　資料・情報部門独自の印刷物の作成・提供
	①　特定テーマの資料・情報の探し方（パスファインダー　■　　など）
	②　特定テーマの雑誌記事索引，図書書誌・新聞リスト
	③　抄録，解題　■
	④　利用案内，新着資料案内など

（2011 年 4 月 1 日現在の状況をご記入ください）
4．地方自治体，5．財団法人，6．社団法人，
10．外国政府機関

人数：正規職（社）員＿＿＿＿＿＿名，非正規職（社）員＿＿＿＿＿＿名

職務の実施状況 ■ 該当する状況に1つだけ○をつけてください
実施・一部実施・実施せず
実施・一部実施・実施せず
実施・一部実施・実施せず
実施・一部実施・実施せず
実施・一部実施・実施せず

該当する状況に1つだけ○ 職務の実施状況 ■	該当する対象にすべて○ サービス対象 ※
実施・一部実施・実施せず	内部・外部（すべて）・外部（限定的）
実施・一部実施・実施せず	内部・外部（すべて）・外部（限定的）
実施・一部実施・実施せず	内部・外部（すべて）・外部（限定的）
実施・一部実施・実施せず	内部・外部（すべて）・外部（限定的）
実施・一部実施・実施せず	内部・外部（すべて）・外部（限定的）
実施・一部実施・実施せず	内部・外部（すべて）・外部（限定的）
―	―
実施・一部実施・実施せず	内部・外部（すべて）・外部（限定的）
実施・一部実施・実施せず	内部・外部（すべて）・外部（限定的）
実施・一部実施・実施せず	内部・外部（すべて）・外部（限定的）
実施・一部実施・実施せず	内部・外部（すべて）・外部（限定的）

裏へ続く

※正規職（社）員には、専任と兼任を含む。非正規職（社）員には、契約、派遣、業務委託、パート、アルバイトなどを含む。

※内部：組織内部の人
外部（すべて）：組織外部のすべての人
外部（限定的）：組織外部の限られた人

専門図書館における資料・情報提供サービスに関わる職務内容調査

	職務内容　　■は記入要領を参照のこと
資料・情報の提供	⒀　他機関との資料の相互貸借
	⒁　インターネット・イントラネットを使ったサービス
	①　OPACによる図書や雑誌などの書誌事項と所蔵情報の提供
	②　資料・情報部門独自のコンテンツ，データベースの作成　■
	＜具体的なコンテンツ，データベースを記入してください＞
	③　レファレンス事例データベースの作成
	④　資料・情報部門の内外で作成される資料を電子化して提供
	＜具体的な資料を記入してください＞
	⑤　利用案内，新着資料案内の提供・配信（SDIサービス，コンテンツシートサービス，メールマガジン，ブログ，ツイッター，RSSサービスなど　■）
	＜具体的な内容を記入してください＞
利用支援	⒂　資料・情報部門が所蔵・契約する情報資源（図書，雑誌，データベースなど）の使用方法の教育・指導（講習会の開催など）
	＜自由記入欄＞　上記以外の職務を実施している場合には，具体的な職務内容とサービス対象者

ご協力誠にありがとうございました。同封の返信用封筒にてご返送をお願いします。調査結果をご

機関名：

お名前：

(2011年4月1日現在の状況をご記入ください)

該当する状況に1つだけ○ 職務の実施状況 ■	該当する対象にすべて○ サービス対象 ※
実施・一部実施・実施せず	内部・外部（すべて）・外部（限定的）
—	—
実施・一部実施・実施せず	内部・外部（すべて）・外部（限定的）
実施・一部実施・実施せず	内部・外部（すべて）・外部（限定的）
実施・一部実施・実施せず	内部・外部（すべて）・外部（限定的）
実施・一部実施・実施せず	内部・外部（すべて）・外部（限定的）
実施・一部実施・実施せず	内部・外部（すべて）・外部（限定的）
実施・一部実施・実施せず	内部・外部（すべて）・外部（限定的）

※内部‥組織内部の人
　外部（すべて）‥組織外部のすべての人
　外部（限定的）‥組織外部の限られた人

をご記入ください。

報告いたしますので，下記項目をご記入ください。

ご所属：＿＿＿＿＿＿＿＿＿＿＿＿＿＿＿＿＿＿＿＿＿＿＿＿＿＿＿＿＿＿＿＿

Ｅメール：＿＿＿＿＿＿＿＿＿＿＿＿＿＿＿＿＿＿＿＿＿＿＿＿＿＿＿＿＿＿＿

付録2：組織の側から捉えた専門図書館職員の人材育成に関わる調査依頼状・調査票

2015年4月吉日

資料情報部門　ご担当者殿

明治大学文学部
青柳　英治（印略）

「専門図書館職員のための人材育成に関する基礎調査」ご協力のお願い

　拝啓　時下ますますご清栄のこととお慶び申し上げます。
　近年，専門図書館を取り巻く環境は，経済情勢の低迷や情報通信技術の著しい進展などの影響を受け，たいへん厳しい状況にあります。こうした状況にあっても，専門図書館は，予算や人員など限られた資源を有効に活用することによって，組織内外の利用者の多様なニーズに対応したサービスを提供していくことが求められています。
　専門図書館におけるサービスの質を向上させ，その存在意義を示していくためには，専門的職員の養成が重要となります。しかし，専門図書館職員の養成にあたっては，求められる知識・技術が十分に明らかにされているとは言えず，また，キャリア形成のあり方など，検討するべき課題が山積しております。
　そこで，これらを明らかにするために，科学研究費補助金（課題番号：25330387）の助成を受け，別紙の調査を計画しました。本調査は，これまで取り組んできた専門図書館職員の人材育成についての研究の一環として計画しております。
　本調査では，国（政府機関），独立行政法人，地方議会，地方自治体，私立図書館，その他団体，民間企業，国際機関，外国政府機関などに附設された専門情報機関を対象に，これらの機関で，専門図書館職員に対して実施されている人材育成の実情を明らかにすることを目的としております。この調査で得られた結果をもとに，今後，専門図書館職員のキャリア形成のあり方を検討して

いく所存です。本調査は，そのためのきわめて重要な基礎資料になると考えております。

　つきましては，ご多用中のところを誠に恐縮ですが，「記入要領」（※本書では未収録）をご参照の上，質問紙にご回答いただき，<u>2015年5月15日（金）までに同封の返信用封筒にて，ご返送くださいますようお願い申し上げます。</u>なお，質問紙にご記入いただきました内容は，統計処理による集計を行いますので，個別に機関名やご回答者名が公表されることはありません。調査結果の概要は，調査にご協力いただいた機関に，2015年12月頃お送りする予定です。調査についてご不明な点がありましたら，下記までお問い合わせください。ご協力のほど，よろしくお願い申し上げます。

敬具

研究代表者　明治大学文学部　准教授　青柳英治　メール：*****@**.**.jp

専門図書館職員のための

以下の質問について，雇用形態別に貴部門

設置母体：（○を1つ付けてください）　1．国（政府機関），2．独立行政法人，3．地方議会，4．
　　　　　6．その他の団体（　　　　　　　　　　），7．民間企業，8．国際機関，

人数：正規職（社）員＿＿＿＿＿＿＿＿＿＿＿＿＿名，非正規職（社）員＿＿＿＿＿＿＿＿＿＿＿＿＿名

質問項目	正規職（社）員
1．計画的なOJTの実施 （計画的なOJTの定義は別紙参照）	※該当項目に1つ○を付けてください。 (1) 実施している　(2) 実施していない　(3) 対象者なし
2．Off-OJTの実施 （Off-OJTの定義は別紙参照）	※該当項目に1つ○を付けてください。 (1) 実施している　(2) 実施していない→3．へ (3) 対象者なし→3．へ
2-1．「実施している」場合，参加した講座名と実施機関	※研修会名や講座名等が不明の場合，内容を記載しても可。
3．人材育成上の問題点	※正規・非正規を問わず， (1) 問題あり
3-1．「問題あり」の場合の問題点（複数回答可）	(1) 指導する人材の不足　　(2) 人材育成を行う時間がない (5) 育成を行うための予算上の余裕がない (8) 技術の進歩が激しいため人材育成が無駄になる
4．仕事上で専門図書館職員に求めている知識・技術を知らせているか。	※該当項目に1つ○を付けてください。 (1) 知らせている　(2) ある程度知らせている　(3) あまり知らせていない　(4) 全く知らせていない　(5) 対象者なし
5．自己啓発に対する支援 （自己啓発の定義は別紙参照）	※該当項目に1つ○を付けてください。 (1) 支援している　(2) 支援していない→6．へ (3) 対象者なし→6．へ
5-1．「支援している」場合の内容（複数回答可）	(1) 受講料などの金銭的支援　　(2) 図書館関係団体等で行う研修会・セミナー・見学会等に関する情報提供　(3) 内部で行う自主的な勉強会等に対する援助　(4) 就業時間の配慮 (5) 教育訓練休暇（有給，無給の両方を含む）の付与 (6) その他（　　　　　　　　　　　　　　　　　　　　　）
6．専門図書館職員の能力評価	※該当項目に1つ○を付けてください。 (1) 実施している　(2) 実施していない→7．へ (3) 対象者なし→7．へ

人材育成に関する基礎調査

における2014年度の状況をご記入ください。

地方自治体，5．私立図書館（一般財団，一般社団，公益財団，公益社団）
9．外国政府機関

非正規職（社）員
※該当項目に1つ○を付けてください。 (1) 実施している　(2) 実施していない　(3) 対象者なし
※該当項目に1つ○を付けてください。 (1) 実施している　(2) 実施していない→3．へ　(3) 対象者なし→3．へ
※研修会名や講座名等が不明の場合，内容を記載しても可。
該当項目に1つ○を付けてください。 (2) 問題なし→4．へ
(3) 人材を育成しても辞めてしまう　　(4) 鍛えがいのある人材が集まらない (6) 人材育成の方法がわからない　　(7) 適切な教育訓練機関がない (9) その他：自由記入（　　　　　　　　　　　　　　　　　　　　　　　）
※該当項目に1つ○を付けてください。 (1) 知らせている　(2) ある程度知らせている　(3) あまり知らせていない　(4) 全く知らせていない　(5) 対象者なし
※該当項目に1つ○を付けてください。 (1) 支援している　　(2) 支援していない→6．へ (3) 対象者なし→6．へ
(1) 受講料などの金銭的支援　　(2) 図書館関係団体等で行う研修会・セミナー・見学会等に関する情報提供　　(3) 内部で行う自主的な勉強会等に対する援助　　(4) 就業時間の配慮 (5) 教育訓練休暇（有給，無給の両方を含む）の付与 (6) その他（　　　　　　　　　　　　　　　　　　　　　　　　　　　　）
※該当項目に1つ○を付けてください。 (1) 実施している　　(2) 実施していない→7．へ (3) 対象者なし→7．へ

※ 裏面へ続く

専門図書館職員のための

以下の質問について，雇用形態別に貴部門

質問項目	正規職（社）員
6-1.「実施している」場合の活用方法（複数回答可）	(1) 人事考課の判断基準　　(2) 人材配置の適正化 (3) スタッフに必要な能力開発の目標　(4) 採用時の判断材料 (5) 人材戦略・計画の作成　　(6) 技能継承のための手段 (7) その他（　　　　　　　　　　　　　　　　　　　　　）
6-2.「実施している」場合の資格の活用状況（資格の定義は別紙参照）	※該当項目に1つ○を付けてください。 (1) 能力評価に資格を活用している (2) 活用していない→7.へ
6-2-1.「活用している」場合の具体的な資格名	資格名（　　　　　　　　　　　　　　　　　　　　　　）
6-3.「実施している」場合の能力評価への取り組みの問題点	※該当項目に1つ○を付けてください。 (1) 問題あり　　(2) 問題なし→7.へ
6-3-1.「問題あり」の場合の内容（複数回答可）	(1) 公平な評価項目の設定が難しい　　(2) 評価基準を把握し (4) 専門図書館界に共通する職業能力の評価基準や試験が十
7．専門図書館界に横断的な能力評価基準の作成	※正規・非正規を問わず， (1) 作成するメリットあり
7-1.「メリットあり」の場合のメリットの内容（複数回答可）	(1) スタッフの教育訓練の基準として活用できる (3) スタッフの自主的なキャリア開発の支援に役立つ (5) 就職希望者の職業能力を効率的に把握できる
8．団塊世代の退職等による専門図書館職員の職務における技能継承	※正規・非正規を問わず， (1) 問題あり
8-1.「問題あり」の場合の取り組み内容（複数回答可）	(1) 退職者の中から必要な者を雇用延長・再雇用し，職務に (2) 中途採用を増やしている。 (3) 技能継承のための特別な教育訓練により，若年・中堅層 (4) 伝えるべき技能等を文書化，マニュアル化している。 (5) 新規学卒者の採用を増やしている。 (6) 不足している技能を補うために契約社員，派遣社員等を (7) 伝えるべき技能，ノウハウ等を絞り込んで伝えている。 (8) 専門図書館の業務を外部委託している。 (9) 高度な技能等が不要なように仕事のやり方，設計等を変 (10) その他（

ご協力誠にありがとうございました。同封の返信用封筒にてご返送をお願いします。調査結果をご

機関名：

お名前：

人材育成に関する基礎調査

における2014年度の状況をご記入ください。

非正規職（社）員
(1) 人事考課の判断基準　(2) 人材配置の適正化　(3) スタッフに必要な能力開発の目標 (4) 採用時の判断材料　(5) 人材戦略・計画の作成　(6) 技能継承のための手段 (7) その他（　　　　　　　　　　　　　　　　　　　　　　　　　　　　　　　　　　）
※該当項目に1つ○を付けてください。 (1) 能力評価に資格を活用している (2) 活用していない→7.へ
資格名（　　　　　　　　　　　　　　　　　　　　　　　　　　　　　　　　　　　　　　　）
※該当項目に1つ○を付けてください。 (1) 問題あり　　　(2) 問題なし→7.へ ていないため評価内容にばらつきが出る　(3) 評価者の負担が大きい 分に整備されていない　(5) 評価項目に対してスタッフのコンセンサスが得られない
該当項目に1つ○を付けてください。 (2) 作成するメリットなし→8.へ (2) 組織内の職業能力評価制度の創設，改善に効果的に活用できる (4) 評価制度に対してスタッフからの信頼を得やすい (6) 組織内の多様な職種，資格認定制度などの人事制度の改革に応用できる
該当項目に1つ○を付けてください。 (2) 問題なし
あたらせている。 に技能等を伝えている。   活用している。   更している。 　　）

報告いたしますので，下記項目をご記入ください。

ご所属：

Eメール：

あとがき

　筆者は，2010年の前半から近年まで主に民間企業や公益法人等に附設された専門図書館の職員に焦点を当て，その職務，人材育成，プロフェッション性，そして評価の仕組みについて実証的な研究を行ってきた。その結果を，都度，整理・分析し図書館情報学領域の学会・研究会が刊行する学術雑誌（『日本図書館情報学会誌』『図書館界』）や，勤務校の研究紀要（『経営論集』）において明らかにしてきた。本書では，それらの成果をもとに，加筆・修正を加えて全体を再構成し，専門図書館職員のキャリア形成と人材育成について検討した。当時，取りまとめた論文は，執筆から一定の時間が経過している。しかし，類書が少ないこともあり，専門図書館職員のキャリア形成と人材育成について，各テーマを相互に関連づけながら体系化を図ることに意義を見い出せると考えた。また，公立図書館や大学図書館といった他館種の図書館専門職員のキャリア形成や人材育成を検討する際にも，本書は参照軸になり得るとも思われた。

　2019年11月に初めて中国で確認された新型コロナウイルスは，その後世界的に流行した。わが国の専門図書館界においても，緊急事態宣言が発出された2020年4月と5月には，利用者サービスの縮小や入館の制限・休止が広がった。宣言解除後には，閲覧席の減少，換気の実施，利用時間の短縮など感染防止対策が講じられた。日本図書館協会では，「図書館における新型コロナウイルス感染拡大予防ガイドライン」を策定するなど，館種を超えてコロナ禍における図書館運営，サービス提供のあり方が模索されてきた。2023年5月に感染症法上の位置づけが5類感染症に変更されたことにより，前述のガイドラインも廃止された。今後は個人の選択を尊重し，自主的な感染防止対策に取り組むことになった。

　図書館専門職員は，言うまでもなく図書館の中核をなす経営資源の一つで

ある。特に，専門図書館は親機関の事業理念の実現や，事業目標の達成に向けて，限られた人員で有益な資料・情報を提供することで親機関への貢献が求められる。コロナ禍を経験し，社会を取り巻く状況が変化した今日においても，人材のあり方は一層問われることになるであろう。本書において，これまでの専門図書館職員の状況を跡づけることで，今後の専門図書館職員のあり方を検討する際の一助になれば幸いである。

　本書のもとになった論文（各章末のページに書誌事項を記載）の執筆にあたっては，多くの専門図書館職員の方々に質問紙と聞き取りによる調査にご協力いただき，貴重な情報を賜った。また，論文の執筆にあたり，日本図書館情報学会と日本図書館研究会の諸先生方に査読を通して有益なご助言とご示唆をいただいた。さらに，掲載誌を刊行する学会・研究会等には論文転載の許可をいただいた。本書を構成する各テーマの調査の実施，ならびに成果の発表にあたり，JSPS科研費 22500222，25330387の助成を受けた。最後に，本書の刊行にあたり，明治大学人文科学研究所から助成を賜った。勁草書房の藤尾やしお氏には本書の刊行と編集にご尽力いただいた。

　ここに本書の刊行に至るまでお世話になった多くの方々に，心からお礼と感謝の意を表したい。

　　2024年10月

青柳　英治

索 引 凡 例

1．索引の対象

　本書の索引は，本文で取り上げた主要な事項名，人名，機関・団体名を見出し語とした．図表，注・引用文献ならびに付録は索引の対象としていない．

2．所在指示

　所在指示はページ番号で行った．

3．参照

　「を見よ」参照は→で，「をも見よ」参照は⇒で示した．

4．排列

　欧文，和文の順とし，欧文はアルファベット順，和文は五十音順に排列した．外国人名は，カタカナの姓（原綴の姓名倒置）で示した．

索　引

アルファベット

ALA　　13, 22-23, 87, 103
INFOSTA　　51, 137, 139
KH-Coder　　174
LIPER　　8, 134-135
M-GTA　　9-10, 49-51, 53, 58, 70, 171
Off-JT（Off-the-Job-Training）　　10, 12, 14-15, 106-107, 119, 122, 126, 174
OJT（On-the-Job-Training）　　2, 10, 12, 14-15, 42, 46, 106-107, 119, 122, 126, 131, 174
SLA　　4-5, 91, 150, 154

ア行

アメリカ図書館協会 → ALA
eラーニング　　68
医学図書館員　　140, 142
石村善助　　6
医図協　　137, 140-143
インターネット　　1, 62, 87, 94, 139, 141, 144
イントラネット　　20, 40-41, 43, 46-47, 87, 94, 170
インフォプロ制度　　154-156, 159-160, 162-163, 176
ウィルソン（Wilson, Paul A.）　　6
ウィレンスキー（Wilensky, Harold L.）　　80
ウィンター（Winter, Michael F.）　　8, 80
ウェブサイト　　20, 41, 43, 46, 62, 65
栄養士　　81-83, 93
エキスパート　　78
エリオット（Elliott, Philip）　　6-7, 77
エンドユーザー　　139
エンベディッド・ライブラリアン　　95-96, 173
応用能力試験　　139
オープン・コーディング　　53, 171
太田肇　　7
オキュペーショナル・プロフェッション　　6, 76-77, 79, 81, 84, 93
親機関　　1-2, 13-14, 19-20, 22, 26, 38-41, 43, 45-47, 49, 54, 56, 63, 65-68, 71, 86-92, 94-95, 101-103, 144, 150, 154, 156, 162, 171, 173, 198
　⇒設置母体

カ行

カーサンダース（Carr-Saunders, Alexander M.）　　6
核となる資質　　5, 150
カッツ（Katz, Robert L.）　　178-179
管理栄養士　　81-83
機関種　　5, 9, 13-15, 22-28, 32-33, 38, 42, 44-47, 49, 51, 63, 75, 88, 94, 101-108, 110-114, 117-118, 122-126, 169, 172-175
企業内専門図書館　　i, 5, 9, 11, 14-15, 47, 75-76, 83, 86-90, 92-95, 172, 177
基礎能力試験　　139
木下康仁　　50
キャプロウ（Caplow, Theodore）　　80-81, 83, 93
キャリア形成　　ii, 2-3, 9-11, 14-15, 49-50, 52, 55-56, 58, 65-66, 70-72, 101, 125-127, 136, 152, 169, 171-173, 176-180, 197
キャリアパス　　11, 92, 127
教育訓練　　i, 9, 11-12, 14-15, 106-109, 111, 115, 120, 124-126, 134, 149, 161, 175-176

業務独占資格　　132
近畿病院図書室協議会　→　病図協
グード（Goode, William J.）　　8
グラウンデッド・セオリー・アプローチ　　9, 50
グルドナー（Gouldner, Alvin W.）　　7
グレイザー（Glaser, Barney G.）　　50
グロス（Gross, Edward）　　78
経営資源　　i, 1, 89, 197
計量テキスト分析　　102, 119, 174
検索技術者検定　→　検索検定
検索検定　　137, 139-140, 161
研修　　i, 9-10, 12, 40-41, 43, 56-57, 66, 68, 72, 107-108, 110, 120-121, 124, 136, 142, 144, 147, 153-157, 159-162, 175
　⇒研修会
研修会　　43, 66-67, 108, 119, 121, 142
　⇒研修
研修プログラム　　i, 136, 142, 144, 156, 159, 160, 162
現職者教育　　9
検定試験　　12, 134-135, 137
公共図書館　　10, 13, 82, 133-134, 145
　⇒公立図書館
公的資格　　132
公立図書館　　1, 76, 81, 83, 93, 197
　⇒公共図書館
小杉礼子　　11
国家資格　　81, 116, 124, 132-133, 161
コンセプチュアル・スキル　　179-180
コンピテンシー　　4-5, 150

サ行

サーチャー　　145, 162
サーチャー試験　　139-140
佐藤厚　　10
自己啓発　　12, 14-15, 43, 46, 106, 108-109, 119, 122-123, 126, 131, 142, 152, 155, 163, 174
司書課程　　9, 58, 145
司書資格　　8, 53, 58-59, 82, 114, 116, 123-124, 133-134, 147, 155, 157, 161-162, 175
使命　　65, 71, 83, 87, 89, 90, 95
　⇒ミッション
シャピロ（Shapero, Albert）　　8
修正版グラウンデッド・セオリー・アプローチ　→　M-GTA
主題知識　　42-43, 46-47, 58, 66-67, 95
　⇒主題分野
主題分野　　12, 62, 67-70, 154-155, 162-163
　⇒主題知識
生涯学習審議会　　82, 136
情管制度　　137, 144-145, 152, 161-164
情報科学技術協会　→　INFOSTA
情報管理専門職（仮称）資格検定試験制度　→　情管制度
情報検索応用能力試験　→　応用能力試験
情報検索基礎能力試験　→　基礎能力試験
情報サービス　　5, 19-21, 29, 37, 39, 43-45, 47, 56, 61-63, 65, 70-71, 87-90, 92, 94-96, 142, 150, 155, 169, 172, 179
情報専門職　　9, 11-12, 14
情報通信技術　　20, 29, 42-43, 46-47, 62, 68, 87-88, 90, 94, 139-140, 144, 152, 154, 161, 170, 176
職業資格　　129-131, 133, 160-161, 176
職業社会学　　6
職業的能力　　4, 150
職務経験　　i, 2-3, 14-15, 65, 68, 169
職務遂行　　3, 14-15, 87-88, 90-91, 104, 112-125, 162, 172, 174-175, 177, 179
資料情報部門　　51, 53, 58, 64, 155
人材育成　　i-ii, 2-3, 9-11, 14-15, 38, 68, 101-102, 104-106, 109, 111-112, 118-119, 122-123, 125-126, 169, 173-177, 197
　⇒能力開発
人的資質　　4, 150
人的資源管理　　149
杉江典子　　10

201

ステイタス・プロフェッション　6, 76-77, 79, 84
ストラウス（Strauss, Amselm L.）　50
スペシャリスト　7, 78, 144
設置母体　1, 13, 150
　⇒親機関
セミ・プロフェッション　8, 80
選択的コーディング　53, 171
専図協　12, 22, 51, 107, 129, 137, 145, 149, 151-157, 159-160, 162-163, 176
『専門情報機関総覧』→『総覧』
専門職　6-9, 11, 76-77, 81-84, 86, 93, 95, 134, 142-143, 147, 150
専門職団体　80-81, 83, 93, 134
専門図書館協議会 → 専図協
専門図書館協議会 認定インフォプロ制度 → インフォプロ制度
『総覧』　22-24, 28, 103-104, 169, 174
組織内図書館　13, 75, 87, 90, 95
組織内プロフェッション　5, 7, 75-76, 83-84, 86-88, 90, 93-94, 172-173, 177

タ行

対応分析　119-120, 124, 126, 174
著作権　63, 69, 88, 90, 95, 107, 121, 160
データベース　14, 20, 29, 32-33, 37-38, 40-41, 43-47, 56, 60-61, 65, 68, 71-72, 88, 95, 139, 170
データベース検索技術者認定試験 → サーチャー試験
テキストデータ　119-120, 174
テクニカル・スキル　179-180
電子化　29, 32, 38, 41, 44, 46-47, 60, 147, 170
電子ジャーナル　56, 61, 122, 178
伝統的プロフェッション　7, 76-78, 93
図情学会　8, 134-135
図書館員　11-12, 62, 65, 82, 95, 107, 132-134, 144, 161
　⇒図書館司書
図書館関係団体　i, 9, 12, 51, 69, 70, 72, 107, 137, 155-156, 171
図書館サービス　29, 56, 62, 95
図書館司書　5, 7-9, 75-76, 80-83, 93
　⇒図書館専門職員
図書館情報学検定試験（仮称）→ 検定試験
図書館情報大学　134
図書館専門職員　10, 15, 129, 197
　⇒図書館司書
図書館法　133-134, 145
ドラッカー（Drucker, Peter F.）　85-86, 92-93

ナ行

中野秀一郎　6
ナレッジマネジメント　68, 91
日図協　8, 81-83, 134, 136
日本医学図書館協会 → 医図協
日本栄養士会　82-83
日本栄養士連盟　83
日本経営者団体連盟　125
日本的雇用慣行　130, 161
日本図書館協会 → 日図協
日本図書館情報学会 → 図情学会
認定資格制度　2-4, 12, 15, 96, 129, 142, 145, 149, 152-154, 160-162, 164, 169, 173, 175-177
認定司書　82, 136
ネットワーク系メディア　1
能開調査　102, 105, 107-109, 112, 116-118, 122-124, 174
能力開発　9, 11, 15, 102, 129, 131-132, 142-144, 149-153, 156-157, 159, 161-162, 176
　⇒人材育成
能力開発基本調査 → 能開調査
能力認定資格　132, 161
能力評価　12, 104, 113-117, 120, 123-124, 131, 175

ハ行

パーソナル・プロフェッションズ　　7
長谷川昭子　　5
原ひろみ　　11
半構造化インタビュー　　39, 52-53, 119, 171, 174
非営利組織　　i, 1, 150, 179
　⇒非営利部門
非営利部門　　89-90
　⇒非営利組織
非正規雇用者　　11
ヒューマン・スキル　　179
病院図書館員　　146-148, 161
病院図書館員認定資格制度　→　病図制度
病院図書室研究会　→　病図研
病図協　　137, 147
病図研　　137, 147
病図制度　　137, 146-147, 161-163
プロフェッショナル・エンプロイー　　84-86, 90, 92-93, 173
プロフェッショナル・マネジメント　　84-85, 93
プロフェッション　　i, 1, 3, 5-8, 15, 75-81, 83-90, 93-94, 96, 172-173, 177, 197
米国医学図書館協会　　142
米国専門図書館協会　→　SLA

ヘルスサイエンス情報専門員認定資格制度
　→　ヘルスサイエンス制度
ヘルスサイエンス制度　　137, 140-142, 155-156, 161
ポイント制　　142, 147, 156

マ行

松戸宏予　　5
マネジメント　　56, 63-65, 70-72, 91, 145, 150, 156, 172, 178
ミッション　　65, 102, 149-150, 162
　⇒使命
宮下清　　7
民間資格　　12, 82, 132, 161

ヤ行

薬師院はるみ　　8
山﨑久道　　5
養成　　i, 8-9, 11-12, 58, 68, 77, 134, 136, 139, 144-145

ラ行

倫理綱領　　80, 82-83, 93
労働契約法　　126
労働市場　　130-131

ワ行

ワンパーソンライブラリ　　43

著者略歴

青柳英治
　筑波大学大学院博士後期課程修了
　博士（図書館情報学）（筑波大学）
　現　在：明治大学文学部専任教授
　主　著：『市民とつくる図書館：参加と協働の視点から』（編著，勉誠出版，2021年）
　　　　　『専門図書館の役割としごと』（共編著，勁草書房，2017年）
　　　　　『ささえあう図書館：「社会装置」としての新たなモデルと役割』（編著，勉誠出版，2016年）
　　　　　『専門図書館の人的資源管理』（勉誠出版，2012年）ほか

明治大学人文科学研究所叢書

専門図書館におけるキャリア形成と人材育成

2024年11月20日　第1版第1刷発行

著　者　青　柳　英　治
発行者　井　村　寿　人

発行所　株式会社　勁　草　書　房

112-0005　東京都文京区水道2-1-1　振替 00150-2-175253
（編集）電話 03-3815-5277／FAX 03-3814-6968
（営業）電話 03-3814-6861／FAX 03-3814-6854
堀内印刷所・牧製本

Ⓒ AOYAGI Eiji　2024

ISBN978-4-326-00062-3　　Printed in Japan

JCOPY ＜出版者著作権管理機構　委託出版物＞
本書の無断複製は著作権法上での例外を除き禁じられています。複製される場合は、そのつど事前に、出版者著作権管理機構（電話 03-5244-5088、FAX 03-5244-5089、e-mail: info@jcopy.or.jp）の許諾を得てください。

＊落丁本・乱丁本はお取替えいたします。
　ご感想・お問い合わせは小社ホームページから
　お願いいたします。

https://www.keisoshobo.co.jp

D.ボーデン L.ロビンソン	図書館情報学概論 第2版	A5判	6820円
谷口祥一	知識資源のメタデータへのリンクトデータ・アプローチ	A5判	5280円
谷口祥一・ 緑川信之	知識資源のメタデータ 第2版	A5判	3850円
C.L.ボーグマン/ 佐藤義則・小山憲司訳	ビッグデータ・リトルデータ・ノーデータ 研究データと知識インフラ	A5判	4840円
池谷のぞみ・ 安形麻理・ 須賀千絵編著	図書館は市民と情報・をむすぶ	オンデマンド	5720円
上田修一・ 倉田敬子編著	図書館情報学 第二版	A5判	3520円
常世田　良	浦安図書館にできること 図書館アイデンティティ	〔図書館の現場①〕 四六判　2860円	
三田誠広	図書館への私の提言	〔図書館の現場②〕 四六判　2750円	
根本　彰	続・情報基盤としての図書館	〔図書館の現場③〕 四六判　2640円	
杉岡和弘	子ども図書館をつくる	〔図書館の現場④〕 オンデマンド　3190円	
安井一徳	図書館は本をどう選ぶか	〔図書館の現場⑤〕 四六判　2310円	
竹内比呂也ほか	図書館はまちの真ん中 静岡市立御幸町図書館の挑戦	〔図書館の現場⑥〕 四六判　2310円	
田村俊作・ 小川俊彦編	公共図書館の論点整理	〔図書館の現場⑦〕 四六判　2640円	
柳　与志夫	知識の経営と図書館	〔図書館の現場⑧〕 オンデマンド　3740円	
小川俊彦	図書館を計画する	〔図書館の現場⑨〕 オンデマンド　3080円	
柳　与志夫	デジタルアーカイブの理論と政策 デジタル文化資源の活用に向けて	A5判	3300円
西川　開	知識コモンズとは何か パブリックドメインからコミュニティ・ガバナンスへ	A5判	3520円

＊表示価格は2024年11月現在。消費税は10%が含まれております。